Alfons Schweiggert · Karl Valentin

Allitera Verlag

Alfons Schweiggert verfasste vielbeachtete Bücher über den genialen Tragikomiker, unter anderem »Karl Valentin und die Politik« (Vorwort von Gerhard Polt) oder »Karl Valentins Stummzeit. Die Grünwalder und Planegger Jahre«. In diesen Büchern würde sich der Autor, laut *Süddeutscher Zeitung,* »als profunder Kenner des komplizierten blutigen Witzes, wie Bert Brecht Valentin nannte« erweisen. Schweiggert ist Vorstand der von ihm gegründeten »Karl Valentin-Gesellschaft«, der zahlreiche Künstler angehören. 2007 erfand er den »Großen Karl Valentin Preis«, der aus »Nichts« besteht, und der 2019 als »Großer Valentin-Karlstadt-Preis« von der Stadt München übernommen wurde. Außerdem ist er Vorstandsmitglied im Valentin-Karlstadt-Förderverein »Saubande«. Auszeichnungen unter anderem: »Literatenkerze der Schwabinger Katakombe« und »Bayerischer Poetentaler«.

Alfons Schweiggert

KARL VALENTIN

Von der Kunst, so nicht kochen zu können,
dass man es nicht essen muss

Biografisches aus dem Leben eines Hungerkünstlers

Allitera Verlag

April 2020
Allitera Verlag
Ein Verlag der Buch&media GmbH München
© 2020 Buch&media GmbH München
Layout, Satz und Umschlaggestaltung: Franziska Gumpp
Gesetzt aus der Minion Pro
Motiv Umschlagvorderseite: Karl Valentin, Archiv Alfons Schweiggert
Printed in Europe · ISBN 978-3-96233-191-7

Allitera Verlag
Merianstraße 24 · 80637 München
Fon 089 13 92 90 46 · Fax 089 13 92 90 65

Weitere Publikationen aus unserem Programm finden Sie auf
www.allitera.de
Kontakt und Bestellungen unter info@allitera.de

INHALT

Hunger ist der beste Koch 11

Ist dieses Buch aber auch ein Kochbuch? 15

Kulinarische Lausbubenstreiche 19
    Die Patentpralinen 19
    Bärendreck und Gummischlangen 20
    Ein in seiner Schrecklichkeit großartiger und
    unvergesslicher Augenblick 20
    Eine Handvoll Fliegen 21
    Der Bierraub 22
    Ausrottung von Zwetschgenwasser 23
    Erst »Hülle und Fülle«, dann »Hunger und Not« 23
    Brätklopfen im Haller »Bratwurstglöckl« 25

Die Küche als Kreativitätszentrum Valentins 27
    Valentins kreative Lieblingsräume 27
    Valentineske Zufälle 29

Valentin kauft ein 34
    Auf dem Viktualienmarkt 34
    Obstiges Rätsel 36
    Im Käsegeschäft, im Kramerladl und
    in einem Laden für Jagdausrüstung 37
    Schweineschenkel 38
    Werbung für Delikatessen 39
    In der Bäckerei und Konditorei 39
    Die Brezn muss ein B sein 41

Valentin als Biobauer und Umweltschützer 44
   »Der Garten ist mein Paradies!« 45
   Vom richtigen Pflügen und Düngen 48
   A kleins Schweinderl 49
   Engagement für eine saubere Umwelt 50

Karl Valentin speist 53
   Zum Frühstück ein Glas Rotwein mit Ei oder Bier 53
   Eine gesunde Lebensweise 54
   Maggi, Maggi über alles! 56
   Kartoffeln oder Brot? 57
   Von Spargelköpfen und Vitaminen 59
   Kaffeeklatsch 59
   Tee muss man nicht trinken 62
   Das stürmische Bier 62
   Chaotisches Abendessen 64

Die Phänomene Hunger und Durst 66
   Der Allesfresser 68
   Können Zigaretten Nahrung sein? 70

Valentin als Gastgeber und Eingeladener 73
   Unwillkommene Gäste 73
   Die Erfrischung und ein Stamperl schnapsloser Schnaps 76
   Der Stress des Eingeladenwerdens 77

Valentin kocht 78
   Das selberkochende Kochbuch 81
   Valentins beliebteste Minuten-Rezepte 82

Das »Karl Valentin-Festbankett« zu Valentins 125. Geburtstag 2007 85

Das »Valentin-Drei-Gänge-Menü«	89
Vorspeise	89
Suppen	93
Erbsensuppe mit Speck	93
Rollgerstensuppe	94
Hauptgericht	97
Hasenbraten an Semmelknödeln	
und Blaukraut	97
Makkaroni mit Schinken	101
Getränke	103
Bayerisches Bier	103
Affenthaler Spätlese	105
Lieber Likör als einen Schnaps	106
Nachspeise	107
Apfelstrudel mit einem Haferl Kaffee	107
Girafftorte	109
Kulinarischer Bühnenzauber	115
Valentins Ententraum und Knackwürst	
im Kanonenrohr	118
Sind Schallplatten essbar?	122
Der Wasser-Rausch	123
Weltuntergang kulinarisch	124
Vom Bierkrampf.	126
Valentin als wandelnder Bierkrug	128
Der Mord in der Eisdiele!	130
Betrunken zur Salvatorzeit	131
Karl Valentin im Restaurant	133
Von der Schwierigkeit, das richtige Restaurant	
zu finden	134

Valentins Gästebuch-Eintrag im Münchner
»Bratwurst Glöckl am Dom« 136
Warum braucht es eigentlich eine Speisekarte? 137
Leberkäs und Spiegeleier 138
Salz und Zucker 139
Fliegen in der Soss 139
Schlürfen, Schmatzen und Rülpsen 140
Von Tassen, leeren Maßkrügen und Zahnstochern 143
Servietten, wenn keine da sind 144
Vom Weinbeissn 145
»Grösste Kartoffeln und Limburger Käs« 146
»Express Kaffee« oder im »Güterzugkaffehaus« 147
Missbrauchte Biomalzbüchse 148
Wurstbrot und Semmel 150
Klagelied einer Wirtshaussemmel 150
Ober, bitte zahlen! 153
Bräuhaus-Idyll 154

Die Karl-Valentin-Diät 156
War Valentin Vegetarier oder Veganer? 157
Warum war Valentin so mager? 159
Valentin hatte ein kleines Bäuchlein 163
Valentinische Diättricks 165
Briefwechsel mit einem Gesundheitsapostel 166
»Unter zwei Zentner geht da nix!« 168
Jetzt wird's psychologisch! 172

Der Hungerkünstler Valentin 174
»Ich bin am Verhungern!« 174
»Schlechter kann's uns nimmer geh'n« 179
Die Hungerkünstler Pliventrans und Sukki 181

Valentins Koch- und Küchenpatente 183
   Spaghettigabel mit Drehvorrichtung 184
   Der Familienzahnstocher aus Aluminium-Stahl 185
   »Emfaf« und »Aha« 186
   Kubistische Knödel und Würste 187
   Wie man aus Milli Soldaten herstellt 189
   Exquisite Kochgeräte, selbst gedrechselt 190
   Das Küchenabfallentsorgungs-Patent 191
   Neue nahrhafte Stadtwappen 192
   Valentins »Höllen-Café« und »Ritterspelunke« 193

Valentin kocht … vor Wut! 198

Valentins wahre Lieblingsspeise 201

Essen bei Karl Valentin im Turmstüberl des Musäums .. 203

Anhang 207
   Literatur 207
   Bildnachweis 210
   Dank 211

HUNGER IST DER BESTE KOCH

Vorartikel

Seinem Buch »Brilliantfeuerwerk« stellte Valentin das folgende Vorwort voraus: »Weil jedes Buch ein Vorwort besitzt, oder, besser gesagt, besitzen tut, kann auch ich es nicht unterlassen, bei meinem neuerschienenen ›Hochwissenschaftlichen Werke‹ ein solches vorauszusetzen. Eigentlich ist es ja Blödsinn, ein Vorwort ist eigentlich nur ein Wort – und mit einem einzigen Wort auf der ersten Seite des Buches wäre dem Leser nicht gedient. Also sagen wir passender, ich schicke dem Buch einen Vor-Artikel voraus. Das Wort ›Wort‹ ist ja für sich schon ein Blödsinn – was man dadurch erkennt, wenn man das Wort ›Wort‹ fünfzigmal hintereinander hersagt. Machen Sie die Probe und Sie werden sagen, es ist tatsächlich ein saudummes Wort, das Wort ›Wort‹.«

Im Sinne Valentins schicken wir deshalb auch diesem Buch kein Vorwort voraus, sondern einen »Vorartikel«, in dem Wort für Wort erklärt werden soll, welche Bedeutung für Valentin die Nahrungszu- und -abfuhr hatte.

Als Karl Valentin von einem seiner Bewunderer einmal gefragt wurde, was er für das Allerwichtigste halte, damit ein Künstler auf so hintersinnige Ideen wie er kommt und auf der Bühne das Publikum zu Begeisterungsstürmen hinreißt, da antwortete er: »Als Wichtigstes braucht ein Künstler was zum Essen und zum Trinken. Denn Essen und Trinken hält Leib und Seele zusammen und außerdem geht die Liebe durch den Magen. Ohne Essen und Trinken tät mir nix einfalln und außerdem wär ich nach kurzer Zeit verhungert und verdurstet. Und dann wärs auch vorbei mit dem Auftreten.« Vor allem in den ersten Jahren seines Wirkens hatte Valentin das Bild des »Hungerkünstlers« vor Augen, der sich mit seinen künstlerischen Aktivitäten nicht ernähren kann. – »Der Mensch ist, was er isst«, das wusste auch schon Ludwig Feuerbach. Und in der »Dreigroschenoper« von Bert Brecht, der übrigens Valentin sehr verehrte, heißt es: »Erst kommt das Fressen, dann die Moral.« Abgewandelt könnte der Satz auch lauten: »Erst kommt das Fressen, dann die Kunst.«

Aber warum deshalb gleich ein Werk über den Hungerkünstler Valentin? Was hat ein solches Buch bitteschön mit diesem Tragikomiker von Weltrang zu tun? Folgende Erklärungen bringen etwas Licht in die Angelegenheit:

1. Von den 66 Jahren seines Lebens verbrachte Valentin zusammengerechnet etwa vier Jahre nur mit Essen und etwa ein Jahr auf der Toilette. Seine Frau benötigte dafür ebenso viel Zeit, zusätzlich aber noch zwei Jahre für das Kochen, was auch ihrem Mann zugutekam.
2. Valentin war während seines Lebens mehrfach mit Hungerphasen konfrontiert und das Thema Nahrungsbeschaffung spielte in seinem 66 Jahre währenden Erdendasein fortwährend eine nicht unbedeutende Rolle.
3. In vielen seiner Monologe, Couplets, Szenen, Stücke und in seinen Erinnerungen griff der Komiker immer wieder die Themen »Nahrung, Hunger und Kochen« auf. Dies zeigt, wie sehr ihn diese Aspekte immer wieder beschäftigten.
4. Valentins Tochter Bertl erlebte in diesem Zusammenhang selbst etliche Episoden mit ihrem Vater, die sie ihrer Tochter Anneliese weitererzählte. Diese berichtete mir, dem Autor dieses Buchs, bei meinen Besuchen davon, teilte mir aber zudem Vorkommnisse mit, an die sie sich als Enkelin Valentins erinnern konnte. Dabei entstand dann auch die Idee zu diesem ungewöhnlichen Buch.

Schon die ersten Jahre von Valentins Komikerlaufbahn waren überschattet von Hunger und Not. 1907 fühlte er sich »existenzlos« und trat für ein Mittagessen und 50 Pfennige auf. Kaum ging es ihm ab 1908 mit einem festen Engagement im Münchner »Frankfurter Hof« etwas besser, begann 1914 schon der Erste Weltkrieg und Valentin klagte über »die traurigen Zeiten in München« mit »Hungersnot, Brotmarken, Fleischmarken, Buttermarken, Marken! Marken!« Man war froh, wenn wenigstens ein paar »Dotschn«, also weiße Rüben, auf den Tisch kamen. Nur wer Verwandte auf dem Land hatte oder über genügend Geldmittel verfügte, entkam dem bitteren Hunger. Bezugsscheine kamen in Mode, über die man sich etwa 1917 mit folgendem »Bürgerlichen Kochrezept«, das von Valentin hätte stammen können, lustig machte.

Nach dem Ersten Weltkrieg und dem Ende der Monarchie 1918 stürzte die Bevölkerung erneut in Not und Armut. Zwar »schneite es in Deutschland Millionen, Billionen, Trillionen«, notierte Valentin, »es war nicht mehr zum Aushalten, aber das Geld, das man Vormittags verdient hatte, hatte Nachmittags seinen Wert verloren. Viele Münchner Bürger verloren in der Inflation sämtliche Ersparnisse.«

Nach einer kurzen Verschnaufpause verging den Menschen Ende Oktober 1929 mit dem »Schwarzen Freitag« an der New

Yorker Börse abermals das Lachen. »München steht vor einer Hungersnot, die meisten Leute haben nur noch Hummermayonaise zu essen«, spöttelte Valentin und fügte hinzu: »Amor Fati [gemeint ist »die Liebe zum Schicksal«] – ja, ja, nein, nein, und doch ist es so, aber genug von dem, es ist immer das gleiche, ob so oder so – ja, ja es ist schwer, und trotzdem leicht, nicht direkt leicht, ungefähr halbschwer, wenn man so sagen darf, warum soll man nicht darfen, es ist unleicht, der miesen Miseere zu entschlüpfen, man steckt eben drinn, und wenn man schon einmal drinn steckt, geht es einem genauso, wie einem, der auch drinn steckt.«

Ein paar Jahre später begann 1933 das »Dritte Reich« mit seinen Schrecken und im September 1939 der Zweite Weltkrieg. Jetzt verlor Valentin die Lust an seinem Beruf. Wenn andere im Krieg starben, wollte er nicht mehr als Humorist auftreten. Er zog sich nach Planegg in seine Werkstatt zurück, fertigte als gelernter Schreiner Nudelhölzer, Kochlöffel und Fleischbretter, die er gegen Zigaretten und Nahrungsmittel eintauschte. Die Texte, die er noch schrieb, handelten von Hunger und Not und der drohenden Vernichtung der Menschheit.

Nach dem Krieg gab es erneut Mangel an Nahrungsmitteln und Valentin hatte nur noch drei Jahre zu leben. Am Rosenmontag, den 9. Februar 1948, starb er tief deprimiert an einer nicht auskurierten Erkältung.

Mit dem vorliegenden Buch wollen wir dem stets hungrigen »Skelettgigerl« Valentin auf einem bislang grob vernachlässigten Gebiet endlich jene Reverenz erweisen, die ihm schon lange zusteht. Dass dabei kein übliches Buch entstehen konnte, verdanken wir dem genialen Groteskkomiker.

Alfons Schweiggert
München im Frühjahr 2020

IST DIESES BUCH ABER AUCH EIN KOCHBUCH?

Wenn ja, warum sieht es dann nicht so aus?

Diese Frage werden sich manche beim Durchblättern des vorliegenden Buchs stellen. Ein Kochbuch im üblichen Sinn ist dieses Werk natürlich nicht, weil es sich nicht ausschließlich mit der Auflistung von Kochrezepten, mit Angaben zu den Zutaten und zur Zubereitung eines Gerichts begnügt, sondern vor allem das eigentliche Ziel des Kochens, das Essen, einbezieht und ebenso die diversen Ereignisse an den Orten des Kochvorgangs, in der Küche sowie an anderen Orten des Essens, etwa in Restaurants, aber auch auf der Bühne, schildert. Dieses Buch umfasst also alles, was irgendwie mit Kochen, vor allem aber mit Essen und Trinken zu tun hat. Dass das bei diesem Komiker immer aufs Engste mit chaotischen Ereignissen verbunden ist, verwundert nicht, da Valentin das Chaos buchstäblich in sich trug. Für ihn bedeutete Chaos jene Ordnung, die bei der Erschaffung der Welt zerstört wurde und die er deshalb wieder zum Leben erwecken wollte. Und dies zelebrierte er in vielen seiner Szenen und Stücke auf der Bühne, aber auch im alltäglichen Leben. »Man muss Chaos in sich haben«, wusste schon der Philosoph Friedrich Nietzsche, »um einen tanzenden Stern gebären zu können.« Und Valentin gebar ständig »tanzende Sterne« in seinem Leben und Werk. Im Chaos erkannte er nicht nur Ordnung, sondern mehr, er konnte aus jeder Ordnung Chaos schaffen und tat das auch. Erst im Chaos, das für ihn Rettung vor steriler Ordnung bedeutete, fand er sich zurecht.

Damit ist dieses Buch eher ein philosophisches Werk, das sich allenfalls auf die spärliche Kochbuchliteratur unserer Urahnen zurückbesinnt, wozu der Koch Caelius des reichen Apicus – von ihm stammt das römische Kochbuch »De re coquinaria« – ebenso gehört wie Aristoteles mit seiner »Oikonomia«. Zu den Vorfahren von Valentins Kochbuch zählt sicher auch der Kunstschriftsteller Karl Friedrich von Rumohr, der 1822 das Buch »Geist der Kochkunst« veröffentlichte. Statt einzelne Rezepte in genauen Vorschriften vorzustellen, beschrieb er in einem Prosatext das Wesen der einzelnen Lebensmittel sowie Garverfahren und erklärte, wie man deren natürlichen Geschmack beibehält beziehungsweise hebt. Seine Mengenangaben waren hingegen höchst ungenau.

Ebenso fühlt sich dieses Buch im Umfeld moderner extravaganter Kochbücher wohl, wozu unter anderem Werke gehören wie: »Das was Jesus essen würde – Kochbuch« oder »Das ultimative Anti-Kochbuch: Sinnlos ›kochen‹ mit Wasserkocher, Toaster, Backofen, Mikrowelle und Co. – für Berufstätige, Faule, Unbegabte und Studenten«. Auch »Das Anti-Kochbuch – Kochen ist ungesund« zählt ebenso dazu wie »Das Kochbuch der ungenießbaren Speisen«. Wie man sieht, treibt der Kochbuchmarkt heutzutage die skurrilsten Blüten. In einigen dieser Werke erfährt man etwa, was die Wikinger seinerzeit zum Essen so alles fabrizierten, in anderen wird dargestellt, wie man »schmutzige Pfannkuchen« zubereitet oder »Kuchen in der Mikrowelle« zum Leben erweckt.

Für Valentin war das Kochen ebenso verzwickt wie die deutsche Sprache. »Es gibt«, stöhnte er, »so viele gleichlautende Worte, abgesehen von der verschiedenartigen Schreibweise. […] Aber die Höhe des Wortunfuges sind die Tätigkeitswörter: Der Koch kocht, der Bäcker bäckt, der Schmied schmiedet; wie ist das bei einem Dienstmann? Man kann doch nicht sagen: der Dienstmann dienstmanndelt, der Arzt arztelt, der Zimmermann zimmermanndelt. – Wenn man etwas isst, sagt man: ich habe es gegessen; richtiger wäre es: ich habe es vergessen. Wenn einer zu viel sauft, sagt man, der hat sein Geld versoffen und wenn einer viel isst, müsste man sagen, der hat sein Geld vergessen. – – –

Aus all diesem können Sie ersehen, dass die deutsche Sprache noch sehr unvollkommen ist; seit wann *isst* eine Sprache? Eine Sprache wird nicht gegessen, sondern gesprochen!« Für Valentin gibt es daher im eigentlichen Sinn auch kein »Kochbuch«, da ein solches Buch vorgibt, kochen zu können. Doch das kann es nicht, weshalb ein Käufer oder Leser eines solchen Buchs in die Irre geführt würde, glaubt er doch, das Buch könne kochen. Doch das kann es nicht und darf deshalb auch gar nicht »Kochbuch« heißen.

In diesem Werk geht es aber nicht nur darum, welch seltsame Beziehung zum Essen der Komiker bereits in der Kindheit und Jugend hatte, sondern auch um Fragen, was er später selbst einkaufte, welche Bedeutung für ihn sein Garten hatte, in dem Gemüse und Kräuter wuchsen, die man zum Kochen benötigt, welche Nahrungsmittel er als Erwachsener zu sich nahm und was seine wahre Lieblingsspeise war. Natürlich kommt auch das Thema »Kochte der Komiker selbst?« zur Sprache und wenn ja, »Was kochte er?« Etliche Anekdoten belegen, wie er sich als Gastgeber beziehungsweise als Eingeladener verhielt und welchen Stellenwert Restaurantbesuche in seinem Leben hatten.

Einen Höhepunkt des Buchs stellt das bislang erste und einzigartige »Karl Valentin-Festbankett« dar, das 2007 zu seinem 125. Geburtstag im Münchner Künstlerhaus stattfand und in dem Lieblingsgerichte des Komikers auf den Tisch kamen. Wie wichtig ihm Essen und Trinken waren, demonstrierte er in vielen seiner Couplets, Mono- und Dialogen sowie in seinen Szenen, Stücken und Filmen, über die ebenfalls so einiges erzählt wird. Im Hinblick auf Valentins dürre Gestalt ist auch die Frage interessant: War er Vegetarier oder Veganer? Dieser Aspekt und eine spezielle »Karl Valentin-Diät« werden sicher auf besonders breites Interesse stoßen, ebenso seine diversen Erfindungen für die Küche.

Übrigens, viele berühmte Köche sind Bewunderer Karl Valentins, so auch der Meisterkoch Alfons Schuhbeck, der zu Ehren des Humoristen extra seinen »Rahmknödel ›Valentin‹« kreierte, eine Kombination von Semmelnknödeln mit einer Pilzzubereitung, für die er 19 Zutaten benötigt. In einem Interview zitierte Schuhbeck Valentin einmal mit dessen Ausspruch »Leicht ist schwer was«. Und damit, so Schuhbeck, »hatte Valentin absolut Recht: Das Einfachste gut hinzukriegen ist oft das Schwerste. Das kann dir jeder Spitzenkoch bestätigen«.

Dieses Buch ist also viel mehr als ein Kochbuch, es ist ein höchst eigenwilliges Werk, das erstmals Unbekanntes, Skurriles und Groteskes aus dem Leben des begnadeten Hungerkünstlers Karl Valentin vorstellt. Dreisterneköche werden dieses Werk ebenso schätzen wie Köchinnen, Köche und Kochbuchsammler sowie all jene, die Karl Valentin verehren.

KULINARISCHE LAUSBUBENSTREICHE

Die Patentpralinen

Einmal erfand er für seine Spielkameraden »Valentins Patentpralinen«: »Ich hatte mir überlegt«, so erinnerte er sich, »dass man durchaus nicht nur auf die übliche Likörfüllung, ja nicht einmal auf die in Spielwarengeschäften für Juxzwecke erhältlichen Gutln mit Sägspäne- oder Essigfüllung zurückgreifen brauche, sondern, dass man es auch einmal mit Lebertran versuchen könnte. Also ließ ich mir bei einem bekannten Konditor welche machen. Die Wirkung war eine so katastrophale, dass sie alle Erwartungen übertraf.

Im Märzenkeller-Hotel ›Stadt Wien‹ stellte ich einen Karton auf den Tisch und schon sagte die Kassiererin, die mich bediente: ›Ah, kann ich mir da ein Stück nehmen?‹

›Selbstverständlich‹, beeilte ich mich zu versichern – und flugs hatte das Fräulein schon eins in den Mund gesteckt. Aber ebenso schnell spie sie das ganze Zeug wieder aus, wobei ihr nicht nur das corpus delicti, sondern auch ihr ganzes Mittagsmahl aus dem Gesicht fiel. Mein originelles Mittel hat nicht ein einziges Mal versagt und ist mir dutzendweis geglückt. Es war wirklich zum Kotzen, in des Wortes wörtlichster Bedeutung.«

Bärendreck und Gummischlangen

»Unter unseren Nationalspeisen, als da sind Bärendreck, Süßholz, Oblatenabfall, Waffelbruch und Minzenkugeln, waren die sogenannten ›eßbaren Gummischlangen‹ sehr beliebt«, berichtet Valentin ebenfalls in seinen Jugenderinnerungen. »Sie hatten eine hellrosa Farbe. Daher waren sie weniger zum Vernaschen willkommen als wegen des Ekels, den wir damit unwissenden Menschen einflößen konnten. Wir rissen die Speise in der Mitte auseinander, machten sie naß, steckten jedes der beiden Enden in ein Nasenloch und ließen sie lustig herunterbaumeln. Ich kann versichern, daß es eine wirklichkeitsgetreuere Nachahmung der sogenannten Rotzglocken nicht gibt. Wenn wir an den Leuten vorbeikamen, schleckten wir mit der Zunge an den Gummischlangen und ergötzten uns an dem Abscheu der Zuschauer. Voller Stolz quittierten wir den Zuruf: ›Ihr Drecksäu‹ und ließen uns den Gummi besser schmecken.«

Ein in seiner Schrecklichkeit großartiger und unvergesslicher Augenblick

Auch der Geruch bestimmter Speisen faszinierte Valentin und ebenso konnte ihn deren Anblick geradezu begeistern. »Es war ein heller Tag«, erinnerte er sich, »als ich mit meinem Freunde, dem Pianisten Lorenz Fischerl einmal in der Nähe des Isartalbahnhofes im Walde spazieren ging. Plötzlich stieg uns ein Lüftchen in die Nase, dass wir mit den Nüstern zu schnüffeln begannen, wie nicht gescheit. Wir fragten uns, ob die Pest ausgebrochen sei, vorausgesetzt, daß sie stinkt, wie das Sprichwort sagt.

Im faustischen Drang nach Gewißheit, gingen wir der Seuche entgegen. Nach kaum hundert Metern kamen wir an eine Waldlichtung. Und dort bot sich uns Entsetzliches. In der tropischen Sonnenhitze lagen hier mindestens zehn große Kisten voll von verdorbenem Limburger Käse auf dem Rasen. Wie Lava aus einem feuerspeienden Berg quoll die flüssige ›Letten‹ zwischen den Kistenbrettern hervor und überzog Gras und Kraut mit eklem Schleim. Millionen von Fliegen saßen und schwirrten auf der dampfenden Masse umher. Es war ein in seiner Schrecklichkeit großartiger und unvergesslicher Augenblick für Augen und Nasen. Seitdem fällt es mir schwer, Limburger Käse noch als Nahrungsmittel zu betrachten. Selbst in meinen schwersten Alpträumen verfolgt mich sein fürchterlicher Duft noch heutigentags.«

Von diesem Gestank kam Valentin, wie er sagte, »das erste Kindsmus hoch, wie noch nie«.

Eine Handvoll Fliegen

Für proteinreiche Nahrung hatte Valentin von Jugend an ein besonderes Faible, wie folgende Episode beweist. »Wir fingen mit der Hand Fliegen«, so erinnerte er sich. »Bis zu zehn Stück und oft noch mehr, warfen sie mit einer schnellen Bewegung in den offenen Mund, ließen sie darin herumkrabbeln, und erst, als wir das Gekitzel nicht mehr aushalten konnten, spuckten wir den ganzen Segen mit aller Wucht an die nächste Wand.« Dass dabei die eine oder andere Fliege auch versehentlich verschluckt und zur Nahrung wurde, schien die kleinen Tierquäler nicht besonders zu beunruhigen.

Der Bierraub

In Bayern gilt Bier seit jeher als Grundnahrungsmittel und als »flüssiges Brot«, da es einen relativ hohen Kaloriengehalt hat. Sogar Kinder nippen immer wieder gerne am Bier.

Einmal sollte Valentin für seinen Vater in der nahe gelegenen Wirtschaft »Zur goldenen Ente« eine Maß Bier holen. »Ich war den ganzen Nachmittag an der Isar beim Fischen, und vom Auer Kirchturm schlug es schon sieben«, so erzählte er, »als ich nichts Gutes ahnend nach Hause schlich. Auf einmal sah ich den Niedermeier Ludwig, einen Kameraden von mir, mit unserem vollen Maßkrug daherkommen. Sogleich frug ich ihn ängstlich: ›Hast du meim Vater 's Bier g'holt?‹ ›Ja‹, meinte er, ›geh nur grad net hoam, dei Vater is grimmi.‹ Aber ich nahm meinem Freund den Maßkrug aus der Hand, tat einen kräftigen Schluck und versetzte: ›Sagst zu meim Vata, i hab amal davon trunken, weil i so Durst g'habt hab.‹ Der Ludwig ging, wie ich ihm befohlen hatte, nicht ohne Staunen über meine Tollkühnheit, richtete die Botschaft aus und eine halbe Stunde später begab ich mich ins elterliche Heim. Mein Vater sah sich selbst nicht mehr ähnlich und hatte die Gebärden eines feuerspeienden Drachen angenommen. ›Ja, da bist du ja, Mistbua ausgschamta! Den ganzen Nachmittag gehst net hoam, 's Bier muaß mir a anderer holen und na laßt du mir an schöna Gruaß ausrichten, daß du vom Bier g'suffa hast!‹ Mehr habe ich nicht verstanden, weil ich mich bereits wieder vom Elternhaus entfernt hatte, bis mein Erzeuger ins Wirtshaus ging. Meine Mutter [Valentins Mutter stammte aus Zittau in Sachsen!] aber meinte: ›Nee, ach Goddchen, nee, das war aber ooch e freches Schdiggche von dir! Der Babba war richdch beese uff dich!‹«

Ausrottung von Zwetschgenwasser

Nicht nur Bier liebte Valentins Vater. Er war »durchaus kein Feind des Alkohols«, so erinnerte sich Valentin, »und brachte immer wieder einen Riesenrausch persönlich mit nach Hause. Meine gute Mutter war bei solchen Anlässen immer sehr betrübt und ich als Sohn kam dabei meistens ziemlich in Wut, denn unser Familienoberhaupt war im dritten Rauschstadium nicht gerade liebenswürdig. Ich beschloß daher, den ihm so schädlichen Alkohol mit der Zeit eigenhändig auszurotten und begann mit einer Flasche Zwetschgenwasser von Vaters Lieblingsmarke, die ich aus unserem häuslichen Keller entführte. Dort vertilgten mein Freund Josef Dönzl und ich in nicht ganz fünfzehn Minuten dieses schädliche Feuerwasser. Mit einer brennenden Petroleumlampe stieg ich noch über die Stiege in den ersten Stock und meine letzten Worte waren: ›Wos da Vata ko, konn i aa!‹ Dann wurde ich bewußtlos ins Bett gelegt und soll nach Aussage meiner Mutter nur durch die Hilfe des Arztes am anderen Tage wieder zum Leben erwacht sein. Mein Freund hingegen ist mit diesem schweren Rausch noch aufs Rad gestiegen und auf die Schwanthalerhöhe nach Hause gefahren. Dann erging es ihm wie mir. Auch er ist einen Tag bewußtlos im Bett gelegen. Mein Racheakt aber war gelungen, und das Sprichwort sagt: Der Apfel fällt nicht weit vom Baum«.

Erst »Hülle und Fülle«, dann »Hunger und Not«

Nach seiner Schreinerlehre wollte Valentin Komödiant werden und besuchte eine Varietéschule. Im Oktober 1882 bekam er im Alter von 20 Jahren sein erstes Engagement in Nürnberg. Von dort schrieb er am 5. Oktober 1902 seinen Eltern in einem Brief:

Liebe Eltern,
mir geht es sehr gut. Ich bin unberufen sehr gesund und habe mir den ersten Abend Asthma geholt. […] Gleich am ersten Abend wurde ich schon eingeladen von ein paar Herren. Champagner, Wein, Tee, Kakao, Schokolade, Zigarren, Zigaretten bekomme ich in Hülle und Fülle. […] Tagesprogramm: 10 Uhr aufgestanden, bis 12 Uhr gelernt, dann Mittag (Essen sehr gut). Dann ins Kaffeehaus bis 3 Uhr zum Ratschen, dann Automat (frische Würste mit Kraut à Port. 10 Pf.), dann Spazieren oder sonst etwas Nützliches. 8 Uhr Vorstellung bis 11 Uhr. Dann Abend-Essen (2 Gänge und 2 Glas Bier). Dann Unterhaltung in unserem Kaffee-Haus.

Doch schon zwei Tage später starb plötzlich der Vater. Damit endete das schöne Leben und eine Notzeit begann, da der 20-Jährige und seine Mutter nun die Speditionsfirma »Falk & Fey« übernehmen mussten. 1905 schrieb er an die Mutter: »Ich kam nach Halle ohne einen Pfennig Geld. Ich habe drei Tage nichts gegessen als Brot. Was ich seit einem Jahr durchgemacht habe, kann ich Dir gar nicht beschreiben – ich wundere mich selbst, daß ich so viel aushalten kann.« Weder er noch seine Mutter hatten eine Ahnung, wie ein Betrieb zu führen ist. Als das Geschäft immer schlechter ging und 1906 die Spedition bankrott war, mussten sie das Anwesen verkaufen. Die Hypotheken fraßen den gesamten Erlös auf. Mittellos zogen sich die beiden in die Heimat der Mutter nach Zittau in Sachsen zurück. Damals erlebte Valentin erstmals, dass Hunger der beste Koch ist, auch wenn dieser Koch den Hunger dann meist doch nicht zu stillen vermag.

Valentin versuchte sein tägliches Brot weiterhin als Humorist zu verdienen und baute 1906 zu diesem Zweck einen gigantischen Musikapparat, das »Orchestrion«, mit dem er ein großes Orchester imitieren wollte. Dieses Ungetüm bestand aus über 20 Instrumenten, die er so aneinandergebaut hatte, dass er sie mit Händen und Füßen alle gleichzeitig spielen konnte. Damit produzierte er sich unter dem Namen »Charles Fey« als »Musical-Fantast« für fünf Mark Gage pro Auftritt, dazu erhielt er freie Kost und Unterkunft.

Zeichnung des 12-jährigen Valentin. Seine Mutter reicht dem frierenden Buben auf dem Dach eine Tasse Tee.

Brätklopfen im Haller »Bratwurstglöckl«

Mit seinem Orchestrion trat Valentin auch in Halle an der Saale im Konzerthaus »Bratwurstglöckl« auf. »An einem Sonntag«, so berichtete Valentin in seinen Erinnerungen, »lud mich morgens das Küchenpersonal zum Brätklopfen ein. Dabei standen wir zu fünft um einen riesigen, massiven Holzklotz und schlugen mit schweren, runden Holzhämmern im Takte nacheinander wie die Scheunendrescher auf die rohen Fleischklumpen, denn hier wurde alle Tage Brät geklopft. Es diente zu tausend Paar Regensburger Würsten, denn Regensburger mit Kartoffelsalat war in diesem Hause das Spezialgericht. Ein junger Metzger aus Nürnberg, der etwa zweiundzwanzig Jahre alt war, fabrizierte täglich diese Würste. Die meiste Zeit aber war er besoffen und während wir anderen tüchtig Brät klopften, strich er immer die herumspritzenden Fleischteile, die an der Wand hängen blieben mit dem Finger wieder herunter und warf sie auf den Hackstock wieder zurück ins Brät. Das Schlachthaus war ein altes Kellergewölbe und an den Wänden hingen Dutzende langer, schleimiger Weinbergschnecken. Wie viele davon mochte der besoffene Wurstmacher im Laufe der Jahre schon in seinem Dusel in die Wurstmasse gemischt haben? Jedenfalls habe ich es seit diesem Erlebnis niemals mehr übers Herz gebracht, das Spezialgericht Regensburger mit Kartoffelsalat mir einzuverleiben.«

Valentins Orchestrion-Tournee führte ihn über Leipzig nach Bernburg und bis nach Berlin, wurde aber ein totales Fiasko. Er verarmte, war deprimiert und zertrümmerte schließlich reichlich alkoholisiert in einem Wutanfall das »nichtsnutzige Orchestrion«. Enttäuscht und »arm wie eine Kirchenmaus«, wie er selbst klagte, kehrte er nach München zurück. Im Gasthaus »Stubenvoll« in der Vorstadt Au trat er dort für Kost und Logis mit einer Zither auf. Das Jahr 1907 wurde eine entbehrungsreiche Zeit. Ludwig Greiner, ein Puppentheaterspieler, Wirt und Valentins bester Freund, brachte ihn schließlich dazu, sein dürres Körpergestell in extremen Kostümen zur Schau zu stellen und damit eine unverwechselbare Bühnenfigur, den »Skelettgigerl«, zu schaffen. Damit bekam Valentin 1908 im »Frankfurter Hof« in München, wo er auch seine Partnerin Liesl Karlstadt kennenlernte, endlich ein festes Engagement angeboten, das er in den nächsten Jahren mit kurzen Unterbrechungen bis 1915 wahrnahm, und seine Künstlerkarriere startete.

DIE KÜCHE ALS KREATIVITÄTSZENTRUM VALENTINS

Künstler haben seit jeher ganz bestimmte Orte, an denen bei ihnen die Ideen nur so sprudeln. Haben die einen im Bett beim Einschlafen oder Aufwachen ihre besten kreativen Einfälle, so andere beim Spazierengehen. Bei Bewegung wird der gesamte Organismus aktiviert und das Gehirn mit frischer Energie versorgt. Andere suchen dazu eine ganz bestimmte Ruhebank im Park auf und wieder andere das stille Örtchen. Die meisten haben ihre Eingebungen jedenfalls fernab vom Schreibtisch. Einige benötigen frische Luft, das Sonnenlicht oder den Duft bestimmter Blumen. Viele schätzen auch ein angenehmes Grundrauschen, wie dies in einem Café vorhanden ist, wo sich die Gäste leise unterhalten. Auch beim Fahren in einem Zug haben einige ihre besten Einfälle, wenn sie beim Blick aus dem Fenster die Landschaft vorbeiziehen sehen. Friedrich Schiller lagerte bekanntlich faule Äpfel in einer Schreibtischschublade, da er deren Geruch zum Schreiben benötigte. Wenig bekannt ist, dass Valentin seine kreativen Phasen vorrangig mit zwei Räumen verband.

Valentins kreative Lieblingsräume

In einem Interview erwähnte Valentins Tochter Bertl: »Vater hatte in unserm Häusl zwei Lieblingsräume: seine Werkstatt und die Küche. Und dies häufig auch zum Leidwesen seiner Frau, die oft um das kleinste Platzerl kämpfen mußte. Aber wir kannten das nicht anders und nahmen dies und noch manch anderes ger-

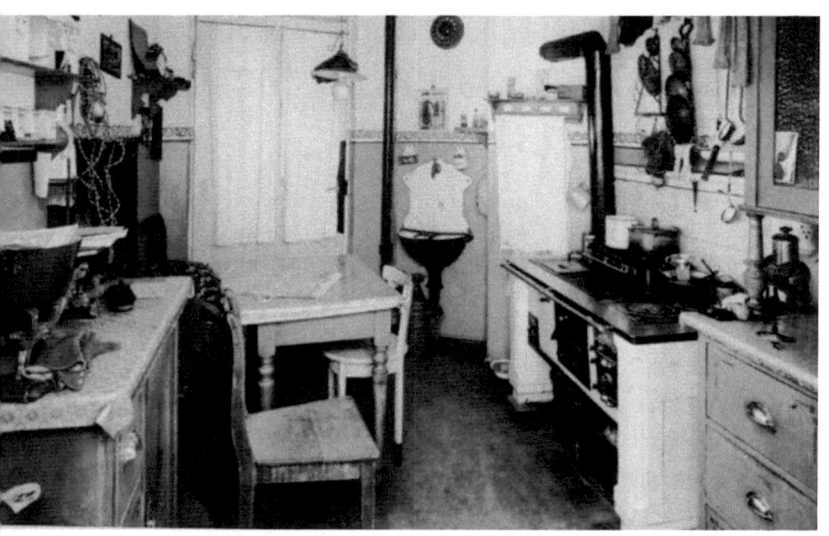

Die Küche in Valentins Wohnung

ne in Kauf.« In der Küche konzipierte Valentin am Küchentisch sitzend zahlreiche Ideen zu seinen Szenen und Stücken. Er erinnerte dabei an einen Koch, der auch in der Küche seine Kreationen austüftelt. Sein »Kochlöffel« war ein ganz kurzer Bleistift, denn, so Valentin, »mit einem langen da fallt mir nix ei«. Mit diesen »Bleistiftstumpen – Länge 2 cm«, wie er sie nannte, notierte er seine Ideen auf kleinen Zetteln, die er in der ganzen Küche verteilte.

Auch Besuche empfing er häufig in der Küche. »Manchmal kam ein Herr X mit Altmünchner Fotografien«, so erinnerte sich Bertl, »und schon vergaß Valentin seine Umwelt. Er war ganz Sammler. ›Jaa was is denn dös ... ja wunderbar ... das is ja der alte ... freilich is ers ... Frau! Frau! ... Mädi! Hol dein' Mann her, der muaß dös auch kenna als alter Münchner. ... ja was is denn dös ...‹ Und so ging das fort, und der Jubel wollte kein Ende nehmen. Kaum war Herr X fort, ging es los: ›Frau!‹, sagte er zu meiner Mutter, ›mach den Tisch frei ... ich brauch Platz für meine Buidln!‹ Und es wurde sortiert, geschnipselt, geklebt und dergleichen mehr, und der Apfelstrudel wurde ›irgendwo‹ ausgezogen.«

Außer der Küche war es der Schuppen neben dem Haus, den er sich als Werkstatt eingerichtet hatte. Er nannte ihn »mein Laboratorium« und er enthielt eine Dreh- und Hobelbank mit Schraubstock, dazu alle möglichen Werkzeuge. Als gelernter Schreiner verstand es Valentin, damit umzugehen. Darin konnte er viele seiner selbst entworfenen Bühnenrequisiten herstellen.

Valentineske Zufälle

Valentins enge Beziehung zum Essen und Kochen zeigt sich auch darin, dass es in seinen familiären und beruflichen Kontakten mehrere recht eigenartige Zufälle gibt.

Zum einen war seine Mutter, Johanna Maria Schatte, nicht nur die Tochter eines Weißbäckers, sondern stand als Köchin selbst in Diensten des Grafen Albert von Schlieffen, bevor sie Valentins Vater heiratete.

Des Weiteren verliebte sich Valentin ausgerechnet in eine Köchin. 1899 kam die 18-jährige Gisela Royes als Köchin und Dienstmädchen ins Haus von Valentins Eltern in der Entenbachstraße. Der damals 17-jährige Valentin war von »dem sauberen Madl mit den funkelnden Augen und roten Wangen« sofort begeistert. »Muatta, de b'halt'n ma! De gebn ma nimma her! Mei – is de sauber!«, soll er ausgerufen haben. Es dauerte nicht lange und Valentin verlobte sich mit ihr. Wie es heißt, habe er auf seinen Freund Ludwig Greiner gehört, der ihm riet: »Such dir jemand zum Kochen – Schönheit vergeht – aber der Hunger bleibt dir immer.« Zur Hochzeit kam es dann Ende Juli 1911. Das Leben von Valentins Ehefrau war das einer einfachen Hausfrau, die nur insofern seine künstlerische Arbeit begleiten durfte, als sie ihm Kostüme für seine Auftritte nähen musste, da sie »großartig mit Nadel, Schere und Nähmaschine umzugehen verstand« und außerdem »eine ausgezeichnete Köchin« war, wie

Tochter Bertl versicherte. Von Wilhelm Busch kannte Valentin dessen »Widmung zu einem Kochbuch«, in der die Vorzüge des Mundes aufgezählt werden. Die letzten Zeilen trug Valentin gelegentlich seiner Frau auswendig vor:

Zum Schluß jedoch nicht zu vergessen:
Hauptsächlich dient der Mund zum Essen!
Gar lieblich dringen aus der Küche
Bis an das Herz die Wohlgerüche.
Hier kann die Zunge fein und scharf
Sich nützlich machen, und sie darf!
Hier durch Gebrötel und Gebrittel
Bereitet man die Zaubermittel
In Töpfen, Pfannen oder Kesseln,
Um ewig den Gemahl zu fesseln.
Von hier aus herrscht mit schlauem Sinn
Die Haus- und Herzenkönigin.
Liebe Gisela! Halt dich wohlgemut,
Regiere mild – und koche gut!

Einmal, als Valentin nach einem Streit mit seiner Frau nach Hause kam, lag ein Zettel auf dem Küchentisch mit dem Hinweis: »Dein Essen steht im Kochbuch!«

Ein Zufall war auch Valentins Bekanntschaft mit Liesl Karlstadt. Sie war die Tochter des Bäckers Ignaz Wellano aus dem niederbayerischen Osterhofen und wurde nicht nur seine Bühnenpartnerin, sondern auch seine Geliebte. »Daß er mit der Fräulein Karlstadt besser harmonisiert hat, das ist ja ganz klar«, urteilte Valentins Tochter Gisela. »Aber meine Mutter hat er halt gebraucht, die war eine gute Hausfrau.«

Viele werden jetzt sagen, das seien doch keine Zufälle, dass der dürre und dem Essen zugetane Valentin zu zwei Köchinnen und zwei Bäckerstöchtern Kontakt hatte. Aber nach der »Welt-

Valentins Ehefau Gisela in der Küche in Planegg

anschauung« des Komikers waren sie es schon. In seinem Stück »Theater in der Vorstadt« verdeutlichte Valentin dem Kapellmeister, was für ihn ein Zufall ist.

Bei einem Spaziergang mit seinem Freund in der Münchner Kaufingerstraße hätten sie von einem Radfahrer gesprochen und im selben Moment sei zufällig einer vorbeigefahren. Das sei aber kein Zufall, widerspricht der Kapellmeister, da in der belebten Kaufingerstraße täglich ein paar Tausend Radfahrer herumfahren würden. Aber, so beharrt Valentin, es seien nicht Tausende gewesen, sondern nur einer. Ja, auch einer käme immer wieder einmal daher, meint der Kapellmeister. Das schon, stimmt Valentin zu, aber nicht, wenn man gerade davon spricht, das sei eben Zufall. Der Kapellmeister schüttelt den Kopf. Ja, wenn er statt von einem Radfahrer von einem Flieger gesprochen hätte, dann wär das etwas anderes. Aber, so wundert sich Valentin, sie hätten doch von einem Radfahrer gesprochen.

Auf der Bühne vollführte Valentin Sturzflüge schon, im Leben hasste er das Fliegen.

Aber ein Zufall wäre es doch nur, so der Kapellmeister, wenn Valentin zum Beispiel von einem Flieger gesprochen hätte und im selben Moment wär einer in der Luft dahergeflogen. Aber wie, so regt sich Valentin jetzt auf, könne er von einem Flieger sprechen, wenn er doch von einem Radfahrer gesprochen habe. Jetzt reicht es dem Kapellmeister: »Ach, reden Sie doch, was Sie wollen.« Morgen, so Valentin, wolle er mit seinem Freund wieder spazieren gehen und diesmal von einem Flieger reden. Aber wehe, wenn dann ein Radfahrer daher kommen würde.

Freilich können Tausende andere Männer auch Mütter, Ehefrauen und Partnerinnen haben, die Köchinnen oder Bäckerstöchter sind, aber der Zufall ist es doch, dass dies ausgerechnet bei Valentin zutrifft, in dessen Leben und Werk Kochen und Essen eine so große Rolle spielt.

VALENTIN KAUFT EIN

Wer Essen will, der muss auch einkaufen und das überließ Valentin nicht immer nur seiner Frau. Gerne trieb er sich, wie auch alle Feinschmecker und Meisterköche, auf dem Münchner Viktualienmarkt herum. Am liebsten ging er über den Marktplatz »zwischen 9 und 11 Uhr vormittags. Da können S' was hörn und sehn«, notierte er, »wenn die sämtlichen Köchinnen, Bürgersfrauen sich an diesem Orte einfinden. Da herrscht noch ein echtes Münchner Leben. Enten, Hühner, Gänse, Blaukraut, Wirsching, Gelbe Rüben, alles schreit wirr durcheinander«.

Das Leben auf dem beliebten Viktualienmarkt faszinierte Valentin und inspirierte ihn auch zu manchen seiner Werke. Genau beobachtete er das Verhalten der Standlfrauen und Besucher, wie sein folgender Originalvortrag beweist.

Auf dem Viktualienmarkt

»Geht man vor einem Stand vorbei«, so Valentin, »da kraht oan so a windige Obstlerin o: ›Genga S' her, schöner Herr, was geht denn ab, was nehmen S' Eahna denn heut mit? Schöne Äpfi, 's Pfund 25 Pfenning. Malaga-Birn und Bergamot-Weintraubn, genga S' her, schöner Herr, kaufen S' ma was ob!‹

An oan andern Markstand, da loant grad a bsuffaner Packlträger und zuzelt an einer halbverfaulten Zitrone umanand, die er eben dem Innern einer Kehrrichttonne entlockt hat, ein gerade des Wegs kommender Passant sieht das zufälliger Weise, und im Nu laufen dem zwei Maß Wasser im Maul zam.

Auf der andren Seite überkreuzt ein Student mit seinem Hund die Strasse. Nichts ahnend und sehr kurzsichtig fällt ein alter

Herr Professor über den Hund, fliegt in eine gerade neben ihm zur Seite stehende Eierkiste, aus der er dann in schnellster Umwandlung als Kanarienvogel rauskrabbelt. ›Jessas, meine ganzen Oar san hi!‹ Plötzlich ertönt der Ruf: ›Haltsn auf, haltsn auf!‹ Eine hundertköpfige Menschenmenge rast in schnellstem Tempo durch die schmalen Gassen, um den Flüchtling zu erwischen. ›Do is er nei‹, schreit der Schutzmann Nr. 332. Alles umzingelt mit Stöcken und Schirmen bewaffnet einen Markstand. Da plötzlich streckt der Flüchtling unter einer Stellage den Kopf heraus und schreit aus vollen Leibeskräften: ›Kikeriki!‹ Dem sofortigen energischen Eingreifen des Schutzmanns hatte es der Flüchtling zu verdanken, dass er nicht zur Mittagszeit in der Bratreine eines der Verfolger auf und ab hupfte. Sie habn glaubt, es handelt sich um einen Verbrecher, nein, die gibts am Viktualienmarkt nicht.

›Habn Sie schon so was unverschämtes g'sehn‹, schreit eine den besseren Ständen angehörige Dame, ›grad im Moment les ich da das auf dem elektrischen Gaskandelaber angepappte Plakat: Warnung vor Taschendieben! Daweil stiehlt mir im selben Moment ein ganz gemeiner Kerl mein ganzes Portemonnaies, mit zwei Mark fünfzig Inhalt. Ja, i bin nur grad froh, dass er mi net gstohln hat, sonst hätt i gar nimmer auf d'Polizei geh könna.‹

Weil mir jetzt gerade im Zeichen der Zeit leben, kommt auch hier durch die Strasse des Marktes ein Automobil gefahren, um dicht neben einer Reihe Käseständen die Lage zu passieren. Ganz entrüstet erhebt sich ein wahres Indianer-Geheul aus den Mundwinkln der betreffenden Käseweiber: ›Karrts wo anders umanand mit engara stinkadn Dampfscheßna, unser Limburger Aroma brauchst uns net verpesten!‹

An einem vis-a-vis liegenden Stande ist eben eine feine Dame mit dem Ankauf einer Ente beschäftigt. Nachdem sie diese Ente nach allen Himmelsrichtungen mit ihren zarten Fingerchen im Gefühl des Greifens absolviert hat und dann sich weigert, diese zu kaufen, ist sie den schmeichelhaftesten Titulationen der betreffenden Ganshandlerin unterworfen: ›Sie ganz ausgschamte Büchselmadam‹, fangt die nun zu schimpfen an, ›Sie ausgschamte Person, Sie städtischer Trankhafa, Sie alts Krattlawei, jetzt, weil S' mir die ganze Antn mit eahnane boanane Finger scho ganz dadruckt und dabatzt habn, jetzt wolln S' as net kaufa, glei hau i eahna de ganze Antn ums Mai umma, dass d'Soss davospritzt. Na – schenga tua is Eahna, Sie überspannter Schachterlteufi! Was sagns, die Antn is scho ganz blau? Legn Eahna Sie drei Tag nackat auf mein Stand hera, na werns a blau, Sie Fratz.‹«

Mit folgendem Vierzeiler endet Valentins Beobachtung auf dem Münchner Viktualienmarkt:

> *Das ist ein Gewinsel, das ist ein Gepappel*
> *Das ist ein Geschnatter, das ist ein Gezappel*
> *Das ist ein Geplärr, das ist ein Geschimpf*
> *Im Jahre 1905.*

Obstiges Rätsel

Von einem Einkauf auf dem Viktualienmarkt und was danach geschah, berichtet Valentin in seinen Erinnerungen Folgendes: »Einmal kaufte sich meine Partnerin am Viktualienmarkt ein Pfund Zwetschgen. Wir stiegen dann zusammen in die Straßenbahn, taten aber so, als ob wir uns nicht kennten. Auf einmal sprach sie mich an:

›Da schauen S' her, Herr Nachbar, da habe ich mir auf dem Markt soeben Birnen kaufen wollen. Nun hat sich die Obstfrau geirrt und hat mir statt Birnen Äpfel gegeben.‹

›Oh mei, Fräulein‹, habe ich gesagt, ›des sind doch keine Äpfel, des sind so eine Art Aprikosen.‹

›Ach woher‹, sagt sie, ›Aprikosen habe ich ja gar nicht verlangt.‹

›Wissen S'‹, meinte ich darauf, ›ich bin zwar a schlechter Obstkenner, vielleicht sans Ananas oder Bananen, aber dazu san sie mir wieder zu kurz.‹

Sie darauf: ›Ach was, Bananen sinds auf keinen Fall; jetzt weiß ichs, Stachelbeeren sinds.‹

›Na‹, entgegnete ich, ›Stachelbeeren haben doch Stacheln und das, was sie in der Tüte drinnen haben, ist ja ganz glatt.‹

›Ja, die Stacheln sind halt durch das viele Umladen abgebrochen.‹

Und so ging der absichtlich saudumm geführte Diskurs immer weiter. Auf einmal erhob sich eine ältere Frau, bestimmt eine Münchener Händlerin, welche einen großen Marktkorb vor sich auf dem Schoße hatte, von ihrem Platz und sprach: ›Na, jetzt muaß i geh, jetzt halt is nimmer aus, zwoa solche Rindviecher hab i meiner Lebtag noch nicht gsehn, de kenna net amal Zwetschgn.‹

Sie stieg aus, murmelte noch vor sich hin, ich rannte ihr sofort nach und rief ihr von der Plattform aus nach: ›Sie Frau, jetzt wissen wirs, was es ist – a Kartoffelsalat.‹ Sie wurde starr, sie hat mir einen Blick zugeworfen, der mir noch heute unvergeßlich ist.«

Im Käsegeschäft, im Kramerladl und in einem Laden für Jagdausrüstung

Auch kleine Kramerladln und Geschäfte suchte Valentin mehrfach auf und darin spielten sich oft recht seltsame Szenen ab. So ging er eines Morgens in das Käsegeschäft Hindelang. Er betrat den Laden, betörender Käseduft schlug ihm entgegen. Als die Verkäuferin den Komiker erblickte, rief sie: »Ah, Herr Valentin, Sie sans!«, worauf Valentin brummte: »Na, i net. Des is da Kaas.«

Aufdringlichen Käsegeruch konnte Valentin absolut nicht leiden. Als seine Aufhauser Enkelin Helmi einmal in Planegg zu

Besuch war und in der Küche einen »Stinkkäse« verzehrte, erschien Valentin. Er »blieb wie angewurzelt an der Schwelle stehen, schnupperte und fragte mit vernichtendem Blick aus seinen grünen Augen: ›Wer hat denn da in unsere Küche geschissen?‹« Erschrocken gestand Helmi, dass sie gerade einen Käse verzehren würde, worauf Valentin sagte: »Du kannst es ja noch nicht wissen, daß ich den Käs nicht ums Sterben riechen kann. Aber iß nie wieder in meiner Küche Käs.«

Butter aß Valentin hingegen für sein Leben gern und das auch in großen Mengen. »Er konnte zum Frühstück ein Viertelpfund Butter mit ganz wenig Brot verschlingen«, berichtete seine Enkelin Gisela, »und aufs Butterbrot spritzte er Maggi.« Während des Kriegs kaufte er in einem Planegger Kramerladl einmal ein Pfund Butter, die er nach einer Woche allerdings mit der Begründung zurückbrachte: »Sie, der Butter ist aber nimmer frisch.«

Ungewöhnlich war es, dass Valentin auch einmal in ein Geschäft für Jagdausrüstung kam und dort eine Scheibe warmen Leberkäs verlangte. »Aber ich bitte Sie, Leberkäse gibt es doch nicht bei uns«, meinte der Verkäufer spöttisch, »wir haben nur alles für den Jäger.« – »So«, wunderte sich der Valentin, »glauben Sie, daß a Jäger koan Leberkaas frißt.«

Schweineschenkel

»In meiner Jugend«, erinnerte sich Valentin, »hingen jeden Donnerstag Morgen über einen Metzgerkarren die frisch geschlachteten Schweine. Denen hab ich gerne auf die fetten Schenkel gepatscht, die wie Sulze gezittert haben. Später hab ich dann eine sehr korpulente Dame am Isartorplatz gesehen, die einen Obstkarren vor sich hergeschoben hat. Ihre hintere Partie hat mich an das Patschen auf einen Schweineschenkel erinnert. Und da bin ich der Frau bis ans äußerste Ende der Schwanthalerstraße nachgelaufen und hab ihr dann sogar ihren Karren schieben helfen.« Was er lieber getan hätte, das verriet Valentin allerdings nicht.

Werbung für Delikatessen

Für das Delikatessengeschäft Dallmayr entwarf Valentin einmal folgende Werbung:

»Teligadessen-Geschäft Dallmeier empfiehlt: täglich warme Streichwurst vom Fass, Ölsardinen lebend in Originalpackung. Alle Arten von Ost-West-Nord- und Südfrüchten, Fränkische Wurstwaren aus eigener Konditorei, Christbaumkonfekt zu jeder Jahreszeit. Wickelschinken nach Pfarrer Kneipp, Nervenzuckerwaren – Herzschlagrahm, Limburger Käse mit Prachtgestank. – Dienerstr. 188, 4.« Dallmayr verzichtete allerdings dankend darauf, diese Werbung für sein Geschäft einzusetzen.

In der Bäckerei und Konditorei

Natürlich ging Valentin immer wieder auch in Bäckereien zum Einkaufen, so zum Beispiel in die Planegger Bäckerei Drexler in der Pasinger Straße 17. Im Planegger Gemeindearchiv existiert ein Foto, auf dem an der Eingangstür zum Geschäft Martha Drexler lehnt, die Tochter des Bäckers. Valentin widmete der damals 33-Jährigen ein eigenes Gedicht, in dem er vom besten, immer schnell ausverkauften Hausbrot schwärmte und auch von dem schönen Bäckerstöchterlein, das vor allem die männliche Kundschaft faszinierte. In dem anspielungsreichen Gedicht, in dem er auf die charmante und die Männer anziehende Martha eingeht, heißt es:

[…] *Mit reschen Semmeln wie sie meint,*
könnt sie mein Herz gewinnen,
doch selbst bei solchem Angebot
wird »Ihr« das nicht gelingen.
Du Martha weisst es ganz genau,
daß ich verheirat bin,
drum schlag dir endlich aus dem Kopf,
den schönen … Fridolin.
Ich bleibe meiner Gattin treu,
ich lass mich nicht verführen,
nur weil doch einmal – keinmal ist,
will ich's mit dir probieren,
dafür verlange aber ich
Bedienung eine schnelle,
denn wenn der Laden voller Kundschaft ist
kommt man nicht von der Stelle.
Von nun ab muss das anders werden,
wir manchen's jetzt von hinten,
du legst die Semmeln naus in Hof,
da wer ichs dann scho finden.

Einmal kaufte Valentin in einer Bäckerei zwei Semmeln. Er bezahlte sie, rührte sie aber dann nicht an. Die Verkäuferin fragte, ob er noch was wünsche. Valentin verneinte, griff aber nicht nach den Semmeln. Was denn los sei, wollte die Verkäuferin wissen, da meinte Valentin: »Da auf dem Schild steht doch: ›Das Berühren der Ware ist verboten!‹«

Zur Weihnachtszeit kaufte Valentin in der Konditorei Altmann ein Päckchen Lebkuchen. Er wurde sehr freundlich bedient. Schon im Gehen drehte er sich nochmals um und fragte den Konditor: »Sie, entschuldigen S', ist in dem Packl auch a Gebrauchsanweisung drin?«

Die Brezn muss ein B sein

Sogar in einem skurrilen Kurzfilm verewigte Valentin eine Bäckerei. Den Film mit dem Titel »Beim Nervenarzt oder Kalte Füße« drehte Regisseur Erich Engels 1936. Der Streifen spielt in der Praxis eines Nervenarztes. Valentin spielt die Rolle des Patienten, Liesl Karlstadt die des Nervenarztes. Dies ist deshalb so bemerkenswert, da die Karlstadt zur Zeit der Aufnahmen selbst in nervenärztlicher Behandlung war. Valentin erzählt dem Nervenarzt, wie sehr ihn der Besuch in der Bäckerei Fröhlich aufgeregt hat.

Valentin betritt den Laden und bestellt beim Bäcker Fröhlich eine Breze, aber keine übliche, nein, sie muss die Form des Buchstaben B haben, genau 20 Zentimeter hoch und 10 Zentimeter breit sein, dazu 1 Millimeter Zuckerguss obendrauf haben. Es muss also eine Zuckerbreze sein. Widerwillig nimmt der Bäcker den seltsamen Auftrag an.

Am Nachmittag kommt Valentin, um das Backkunstwerk abzuholen, aber der Bäcker hat ein großes lateinisches B gebacken. Valentin schaut es missbilligend an und weist es zurück: »Nein nein, a deutsches ›B‹ muaß i habn, des da kann ich nicht brauchn!« Der Bäcker, dem ein lateinisches B genauso viel gilt wie ein deutsches, ist verärgert. Da der Kunde aber König ist, willigt er schließlich ein, dem komischen Kauz ein neues B, diesmal eines in deutscher Schrift, zu backen.

Am Nachmittag des folgenden Tages stellt der Bäcker Valentin das zweite Backwerk vor, doch der ist abermals enttäuscht. Er will kein großes deutsches B. Es muss ein kleines deutsches b sein. Der Bäcker tobt: »Aber das hätten Sie mir doch gleich sagen können! Das kann ich doch nicht riechen!«, worauf Valentin meint: »Riechen soll Sie's ja nicht, sondern backen.« Der Bäcker steht kurz vor dem Herzinfarkt und schreit: »Sie, Herr! Wissen Sie überhaupt, was das für eine Arbeit is zwengs so am Glump?!«

Valentin: »Des is mir wurscht. Des da kann ich jedenfalls nicht brauchn!«

Schließlich lässt sich der Bäcker ein drittes Mal breitschlagen, nun ein kleines deutsches b zu backen, das er am folgenden Sonntagvormittag Valentin zeigt. Der ist jetzt endlich zufrieden und strahlt übers ganze Gesicht: »Wunderbar! Genauso wollt ich's haben! Warum nicht gleich so?« Der Bäcker atmet auf und ist froh, dass er diesen Querulanten jetzt endlich los wird. »Wie teuer kost' der Preis?«, fragt Valentin.

»25 Pfennige«, sagt der Bäcker und knurrt: »Dieses Geld hab ich mir säuerlich verdient!« Höflich fragt er dann: »Soll ich Ihnen die Zuckerbrezn einpacken?« Er glaubt nämlich, sie sei ein Geschenk.

Darauf entgegnet Valentin: »Nein, nicht notwendig, die ess' ich jetzt gleich so.« Er bricht die Breze auseinander, schiebt sich ein Stück in den Mund, verlässt den Laden und den Bäcker Fröhlich, der gar nicht mehr fröhlich ist, sondern kurz vor dem Nervenzusammenbruch steht.

Und so schauen die drei Bs aus, die sich Valentin backen ließ: links das große lateinische B, in der Mitte das deutsche große B, rechts das kleine deutsche b, das sich Karl Valentin wünschte.

Die drei Bs, die Bäcker Fröhlich für Valentin anfertigte, bis der Komiker endlich zufrieden war.

Zu Ehren von Karl Valentins 125. Geburtstag 2007 entschloss sich übrigens Bäckermeister Martin Schönleben aus Puchheim bei München, das kleine b in deutscher Schrift genau nach Valentins Vorgaben liebevoll zu backen. Die Breze war exakt 20 Zentimeter hoch und 10 Zentimeter breit, dazu mit 1 Millimeter Zuckerguss überzogen, schmeckte ausgezeichnet und wurde ein »Renner«.

VALENTIN ALS BIOBAUER UND UMWELTSCHÜTZER

Valentin schätzte all das, was in seinem Planegger Garten von seiner Frau angebaut wurde, ob das nun Rote Rüben, Kohl, Gelbe Rüben, Salat oder Kartoffeln waren. Er legte also bereits vor dem Zweiten Weltkrieg Wert auf die in unserer Zeit so oft beschworene standortnahe Herkunft seiner Lebensmittel. Das Fleisch besorgte seine Frau bei den Bauern der Nachbarschaft. Am liebsten hätte Valentin auch viele Hühner, ein paar Kaninchen und ein Schwein gehalten. Er hielt sich gern im Garten auf und überwachte den Bauern, der bei ihm den Garten umpflügte. Ob man ihn allerdings als Biobauern bezeichnen darf, das sei doch dahingestellt.

Valentin beim Pflügen seines Planegger Gartens

»Der Garten ist mein Paradies!« ...

... so schwärmte Valentin des Öfteren. Als er noch in der Münchner Mariannenstraße wohnte, hat er im Frühling, so berichtet Liesl Karlstadt, »mit seinem feststehenden Messer in den Isaranlagen die ersten Büschl Löwenzahn oder Arnika samt Wurzeln aus der Erde herausgschnitten und hat's dann daheim ins Blumenkistl eingesetzt. Und wenn er dann sehn hat können, wie die Knospen aufgangen sind, und immer wieder ein neues gelbes Blümerl zum Vorschein kommen ist, dann hat er zufrieden vor sich hingmurmelt: ›Ich könnt mir ja schönere Blumen kaufen, aber dö gfreun mi vui besser.‹«

Damals ließ sich Valentin auch den Plan eines Schrebergartens zeigen. Alles gefiel dem Komiker, der Mietpreis, die Anbaumöglichkeiten, die Erlaubnis, Tiere halten zu dürfen, nur mit der Größe hatte er Probleme: »Wissen S'«, sagte er. »Ich möcht doch den Heimgarten daheim haben, aber er paßt leider nicht auf mein kloana Balkon.«

Valentin schätzte die ihn umgebende Natur auf seinem Planegger Grundstück ganz besonders. Zu allen dort wachsenden Pflanzen hatte er jedoch ein eigenartiges Verhältnis. Es gibt ein Foto, das ihn stehend auf einer Leiter zeigt, die an eine Birke gelehnt ist. Valentin wendet sich gerade seinem Bekannten Guido Thielscher zu und überreicht ihm einen Apfel, den er angeblich soeben von der Birke gepflückt hat.

Einmal »vertauschte Valentin einige Obstbäume gegen ›Nicht-Obstbäume‹«, wie seine Tochter Bertl mitteilte. »Wenn s' dann 's Obst runterstehln [die Lausbuben]«, habe er gesagt, »dann stehln sies wenigstens net bei mir, sondern beim Nachbarn!« Auch andere »Wehrpflanzen«, wie er das nannte, wollte er »als Mittel gegen Diebstahl« verwenden, darunter »Schwertlilien, Stechapfelkraut und Brennnesseln« und gab dazu Folgendes kund: »Ich habe in der Nähe der Stadt ein kleines Landhaus, drumrum einen großen Riesenblumengarten mit allen erdenklichen, wunderbaren Blumen, welche nicht künstlich, sondern wirklich sind. Mein Garten steht in farbiger Pracht. Aber weil die Blumen so schön waren, haben mir die Menschen immer wieder Blumen abgerissen. Nun kam mir die glückliche Idee: ich pflanzte keine Blumen mehr, sondern Brennnesseln. Die Pracht ist zwar verschwunden, aber die Stehlerei hat ein Ende genommen. Daß ich mir durch diese Erwägung die Mißgunst sämtlicher Blumengärtner zugezogen habe, weiß ich; aber ich habe die Polizei (Abteilung Blumendiebstähle) entlastet. Und das ist eine gute Tat. Sollte ich des Anblicks der Brennnesseln überdrüssig werden, pflanze ich Disteln, und an Stelle meiner wachsamen Hunde kommen Igel in meinen Garten, dazu noch Stachelbeersträucher, und statt der Legbüchsen lasse ich ständig die Dunggrube von meinem Anwesen offen. Was sollte dann noch in meinem Garten gestohlen werden können? Mir können alle Diebe gestohlen werden. Im übrigen will ich meine Ruhe und meine Brennnessel haben; denn wie sagt der Dichter: ›Kein Schnee und kein Eisen kann brennen so heiß, wie brennende Nessel und indischer Reis.‹«

Auch ein eigenes Blumenbeet hatte Valentin in seinem Garten angelegt, aber nicht etwa für Tulpen, Rosen oder andere schöne Blumen, sondern nur für Löwenzahn, obwohl der ringsum überall reichlich als Unkraut wucherte. Auf die Frage, warum er das mache, meinte er: »Wild blühen kann jeder, aber im Beet braucht's Pflege.«

Für Valentin war Gartenpflege eine denkwürdige Angelegenheit.

»In seinem winzigen Vorgarten«, erinnerte sich Hannes König, »hatte Valentin ein kleines Almhäuschen, das auf einer Erdaufschüttung von vielleicht 40 bis 50 cm gebaut war. Fräulein S. wurde von ihm aufgefordert: ›Da müssen S' amoi naufgehn (es waren nur 2 Holzstufen), was da für a schöne Aussicht ham!‹«

In seinem Planegger Garten hatte Valentins Frau Gemüse angebaut. Die Kartoffeln wurden in einem eigens eingerichteten Erdkeller gelagert. Wollte Frau Valentin das Gras im Garten mähen, war Valentin dagegen. »Warum willst denn mähen?«, grantelte er. »Schaug dir doch den Urwald an. Da mäht ja auch keiner. Wachst da vielleicht nix?« Mähen und Unkrautjäten bedeutete für Valentin Zensur an der Natur.

Valentin fing in seinem Planegger Garten für den »Ketterl«-Wirt Max Fischer etliche Regenwürmer. Der Wirt versprach ihm dafür einige Fische. Doch Valentin wartete vergeblich darauf, weshalb er ihm folgenden gereimten Brief schrieb:

Viel Würmer hab ich dem Max Fischer gegeben,
Für diese Würmer, sprach er, da bekomm ich Fisch'.
Ich warte nun vergebens auf die Fisch' vom Fischer,
doch leider fängt der Fischer für mich keine Fisch',
doch hat der Fischer wirklich Fisch gefischet
und gibt mir für die Würmer keinen Barsch,
so fang ich für den Fischer nie mehr Würmer
und denk mir: Fischer! Du leckst mich am Arsch.

»Im Freundeskreis«, erinnerte sich Erwin Münz, »erzählte Valentin, was er in seinem kleinen Grundstück in Planegg alles anpflanzen wolle: tropische Bäume, seltene Blumen, fleischfressende selbstverständlich, und auch wilde, kleinere Tiere, ›wenn nichts dazwischen kommt!‹ – ›Was soll dazwischenkommen?‹, fragten ihn die Zuhörer. ›Ja, da ist vieles möglich‹, meinte er. ›Zum Beispiel ein Erdbeben, Lawinen, Hochwasser oder gar die Menschen. Wissens, die Hunnen, die können über Nacht wieder auftauchen!‹«

Den kleinen Weiher in seinem Garten, in dem sich Fische, Kaulquappen und Frösche tummelten, reinigte Valentin einmal jährlich vom Schlamm und bezog in diesen Reinigungsprozess auch gleich die Fische und Frösche mit ein, da er es nicht übers Herz brachte, sie schmutzig in das frische Wasser zu setzen. Die Enkelin Anneliese erzählte: »Mein Opa hat sich jedes Tier anfassen traun, sogar Regenwürmer, Spinnen und Kröten. Nur vor Wespen und Kreuzottern hat er Angst g'habt. – ›Doch vor Wanzn‹, sagte er, ›hab' ich an direkten Abscheu, die mag ich nicht amal streicheln.‹«

Auch Pilze sammelte Valentin bisweilen. »Mit dem Fössl Hans, einem guten Bekannten«, so erzählte der Planegger Altbürgermeister Richard Naumann, »ist Valentin eines Tages auf dem Fahrradl zum Schwammerlsuchen in die sogenannte Dritte Kiesgrubn draußen vor Planegg gefahren. Als die beiden dann heimfahren wollten, ist er beim Aufsteigen am Pilzkorb, glaub ich, hängen geblieben und gestürzt. Da hat er furchtbar geschimpft, auch auf sein Rad, und sich geweigert, wieder aufzusteigen. Er ist dann den weiten Weg zu Fuß heimgegangen und der Fössl Hans hat ihm sein Radl nachschieben dürfen.«

Vom richtigen Pflügen und Düngen

Seinen Garten ließ Valentin von einem Bauern umpflügen, damit der Boden locker wurde. Er begleitete, genauer gesagt beaufsichtigte dabei den Bauern, wie der mit dem von einem Pferd gezogenen Pflug zugange war, damit alles ordnungsgemäß ablief.

Natürlich gehörte auch das Düngen der Pflanzen für Valentin zur Arbeit eines Gärtners. Am 26. Juni 1944 heiratete Valentins 34-jährige Tochter Berta den 50-jährigen Offizier Eduard Böheim. »Am Tag vor der Hochzeit«, so erzählte der Planegger Herbert Funk, »leerte Valentin seelenruhig die häusliche Abortgrube und düngte mit deren Inhalt seine Obstbäume im Garten. Als ihm die Familie Vorhaltungen machte, meinte er: »Die Grubn war so voll. Wenn die vielen Hochzeitsgäst kemman und olle gengan aufs Häusl, laufts garantiert über.« Am Hochzeitstag lief die Grube zwar nicht über, aber die Hochzeitsgäste infolge der Geruchsbelästigung bald davon.

Der von Valentin verfasste, höchst ordinäre »Holzapfelmarsch« endet mit den Worten, ein jeder sei

interessiert,
was aus dem Scheissdreck wird.
Als Dünger allbekannt,
wird Scheisse angewandt,
wo gut gedüngert is,
wächst alles g'wiss.

Der Titel »Holzapfelmarsch« ist übrigens nach der Firma »Holzapfel« benannt, die in München im Jahre 1860 das erste Mal mit Dampfmaschinen und Saugrohren, mit langen Schläuchen und Fässern die Abortgruben räumte.

A kleins Schweinderl

Valentin wollte im Keller des Planegger Hauses einmal auch ein Schwein halten. Doch dieser Plan wurde von seiner Frau energisch abgelehnt, wie seine Tochter Bertl berichtete: »›D' Mama kann einem wirklich an Spaß verderbn!‹ So beklagte sich Papa bei mir. Als ich ihn fragte, um was es sich handle, klagte er: ›Woaßt, Mädi, des wär doch a Gaudi, wenn wir uns a kloans Fackerl halten tätn. Im Keller hätten wir scho an Platz für an Stall. Z' fressen habn ma aa gnua. So a Viecherl frißt doch Abfälle, und bevor mas wegschmeißn, geben mas doch liaba da

Sau, net! Und wenns Durscht hat, kriagts was z' saufn. A Wasser wern ma uns doch no leisten können! Und mit'n Sekt fang ma erst garnet an! Und zweng der Reinlichkeit – no ja, schließlich is 's ja a Sau.‹ Ich wußte immer noch nicht, worauf Papa eigentlich hinauswollte.

›Was moanst, was des für a Viecherei wird, wenn ma dann unser Hundi [gemeint ist sein Hund Bobsi] und des Fackerl im Garten rumlaufen lassen. Da sagen ma dann zum Bobsi: ›Fangs Facki‹ – was moanst, wia de zwoa sausen? Aber d' Mama wills net haben! Gut. Auch recht! Kommt eben kein Fackerl ins Haus!‹«

Zuerst war Bertl von der Idee ihres Vaters begeistert, doch »dann kehrte ich die negative Seite langsam hervor, daß zum Beispiel ein solches Schweinderl ja auch Ruhe brauche, um gedeihen zu können, und daß ein Schwein auch ein richtiges Fressen brauche. Auch, daß ein Stall ordnungsgemäß sein müsse. Ja – und wenn das Viecherl alt und fett geworden ist, müßten wir es auch schlachten oder schlachten lassen. ›Möchtest du dann von diesem Schweinsbraten essen?‹ Da hatte ich es geschafft. ›Ja, keinen Bissen brächt ich hinunter! Was meinst, wie man an so einem Viecherl hängt, wenn man's selber aufzieht.‹« Und so wurde aus Valentins Schweinezuchtplan nichts.

Engagement für eine saubere Umwelt

Valentin erkannte auch die Bedeutung einer intakten Umwelt für die Gesundheit des Menschen. Wie sein Freund, der Fotograf Karl Kurt Wolter, berichtet, bereitete dem Komiker »das Münchner Flußbauamt, mit dem Valentin einen jahrelangen heftigen Papierkrieg wegen der – seiner Meinung nach – ›greißlig vernachlässigten Isarufer‹ führte, mancherlei Ärger«.

In einem Brief vom 11. Mai 1938 an den Kulturamtsdirektor Max Reinhard wetterte Valentin über die »skandalösen Zustände von der Verwahrlosung eines der schönsten Parks inmitten unserer Stadt [...] 25 Jahre lang häufte sich in diesem einst herrlichen Park der ›Isarlust‹ von Tag zu Tag Schmutz auf Schmutz, alte zerlumpte Bretterhütten, riesenhafte verfaulte Baumäste, Bauschutt mitten auf dem Rasen, alte Küchenabfälle, sonstiger Hausunrat, ausrangierte Gegenstände des Alpinen Museums, alles wurde wahllos in den Garten geworfen. [...] Der neue Direktor des Alpinen Museums [auf der Praterinsel] Herr Dr. Bühler und ich haben diesen Riesendreckhaufen beseitigt und mein Stolz ist es, dass ich als Mitglied des Alpine Vereins mit meiner Arbeit und mit finanziellen Mitteln bis zum Sommer den einstigen Kehrrichttonnenablageplatz zu einem herrlichen Blumenparadies ausbaue«.

Das bestätigt auch Karl Kurt Wolter: »Die Ansicht, daß es die Stadt München versäume, das Flußbild innerhalb ihrer Mauern idyllisch zu gestalten, war bei Valentin Ende der dreißiger Jahre geradezu zur fixen Idee geworden. Er schrieb seitenlange Vorschläge für Verbesserungsmaßnahmen und sparte nicht mit bissiger Kritik wegen der ›Versandung unter den Uferhängen‹. Er sammelte eifrig Fotos von Flußufern in anderen Städten und bat auch mich, ihm von allen erreichbaren Siedlungen Flußaufnahmen zu machen; Valentin sandte sie als Vergleichsstücke dem Flußbauamt. Als seine Beschwerdebriefe keinen Erfolg hatten, griff er zur Selbsthilfe. Er wohnte damals am Mariannenplatz in unmittelbarer Nähe der Isar. Ausgerüstet mit Schaufel und Rechen zog er zum Fluß und verbrachte manche Tagesstunden mit ›Planierungsarbeiten‹ am Flußhang. Die gefällige Verwaltung des Alpinen Museums hatte ihm einen Schlüssel zum Inselgarten überlassen, so daß Valentin hier jederzeit Zutritt fand. [...] Sein Vorhaben, die Isarufer zwischen der Ludwig- und Maximilianbrücke im Lauf der Zeit gefällig zu gestalten, klang gigantisch, aber das Endergebnis seiner Tätigkeit waren ein paar winzige Quadratmeter. Der Krieg und Valentins Wegzug in sein Häusl nach Planegg beendeten diesen Kampf eines einzelnen gegen den Strom.«

Doch auch in Planegg engagierte er sich für eine saubere Umwelt. In einem Couplet aus dem Jahre 1943 wetterte er über eine »wilde Müllablage« an der Würm:

Inmitten von Planegg,
da liegt gleich links am Isarwerk
ein grosser Haufa Dreck.
Am schönsten Platzal noch dazua,
direkt am Brückenkopf,
da bleiben öfters Leute steh'n
und schütteln nur den Kopf.

Herr Bürgermeister von Planegg,
Sie sind der einzige Mann,
der diesen Schönheitsfehler dort
ganz leicht beheben kann.
's wird doch ein anderes Platzal geb'n,
Planegg ist doch sehr gross,
geh', suchen's eins, dann wären wir
den »Saustall« endlich los.

Ob Valentins Couplet letztendlich eine Entfernung des »Haufn Dreck« bewirkte, bei dem es sich höchstwahrscheinlich um einen unaufgeräumten Lagerplatz der Isar-Amperwerke gehandelt haben dürfte, ist nicht überliefert.

KARL VALENTIN SPEIST

Wer mit Blick auf Valentins ausgemergelte Gestalt vermutet, dass er ein Kostverächter gewesen sei, der irrt. Ihm schmeckte ein Schweinsbraten mit Knödeln ebenso wie Kutteln, Leber und Niere, Leberkäs, schwarzer Presssack und Weißwürste, geschnittene Nudeln oder ein Pichelsteinergericht. Dazu trank er auch gerne Bier.

Valentin »aß mit Vorliebe mageres Fleisch«, teilte Theo Riegler mit. »Von Vitaminen in Form von Obst, Gemüse und Salaten hielt er nichts. So kam es, daß er in der fleischlosen Zeit immer magerer wurde und schließlich keine Widerstandskraft besaß, um eine Krankheit zu überwinden.« Die Portionen, die er verspeiste, waren durchaus ansehnlich. »Wie viele magere Menschen«, so bestätigte auch seine Tochter Gisela, »aß auch Valentin gut und reichlich, aber infolge seiner Nervosität sehr hastig. […] Sein Appetit war in quantitativer und qualitativer Hinsicht außergewöhnlich.« Was er so von morgens bis abends unter anderem verdrückte, soll im Folgenden zur Sprache kommen.

Zum Frühstück ein Glas Rotwein mit Ei oder Bier

Valentins Tochter Gisela, die in der Oberpfalz in Aufkirchen lebte, berichtete in ihren Erinnerungen, dass Valentin häufig schon »vor dem Aufstehen frühstückte. Mama hatte hierfür einen eigenen Servierwagen, den sie ihm ans Bett fuhr. Besonders liebte er zum Frühstück frische Butter; es kam vor, daß er ein Viertelpfund für sich verbrauchte«. Valentins jüngere Tochter Bertl erzählte, dass ihr Vater zur Stärkung zum Frühstück gerne ein Glas Rotwein mit einem eingeschlagenen Ei zu sich nahm.

Als Valentin aber einmal in Berlin gastierte, bestellte er zum Frühstück allerdings eine Flasche Bier. Der Kellner war pikiert. »Aber, Herr Valentin, zum Frühstück trinkt man doch Kaffee, Tee oder Kakao. Kein Mensch trinkt zum Frühstück Bier«, worauf Valentin meinte: »Ich bin ja auch kein Mensch, ich bin ein Bayer.«

Beim Biertrinken mochte Valentin keine Zuschauer.

Eine gesunde Lebensweise

In einem Sketch erzählte Valentin, was für ihn eine gesunde Lebensweise ist: »Ich halt auch was auf meine Gesundheit, ich leb auch darnach. Bei mir heißt's in der Früh um 11 Uhr raus ausm Bett, a paar gute Zigaretten graucht, Mittag a Paar Regensburger in Essig und Öl, recht sauer, das macht Blut – Nachmittags a kleine Radtour nach Holzkirchen, aber gemütlich 70 km, wenn man dann so erhitzt am Ziel angelangt ist, net glei in a warms Lokal neisetzn, nein! Zuerst im Hausgang a bisserl stehn bleibn, wos recht zieht, damit der Schweiß am Körper trocknet, wenns einen dann 's frieren anfangt, net glei a warme Limonad trinken, nein! A frische Mass Bier schnell nunterstürzen und a Stück Brot danach essen, dann kann einem nix passieren – nur auf diese Weise bekommt man ein kräftiges, blühendes Aussehen, schauns mich an, ich treib das schon wochenlang, a paar Freunde von mir habn diesen Rat auch befolgt, dene fehlt jetzt nix mehr.«

Mit diesem Dreirad fuhr Valentin täglich ein paar Runden, um sein Gewicht zu halten.

Gelegentlich gab es in Valentins Familie auch Sauerkraut und Blaukraut zum Essen, »aber einmal«, so Valentin, »haben wir z' Mittag zweierlei Kraut g'habt, a Weisskraut und a Blaukraut, zammpasst hat's ja nicht recht im Gschmack, aber die Farben –

weiss und blau – der alten bayrischen Tradtition zuliebe haben wir's mit grösstem Appetit verspeist«.

Maggi, Maggi über alles!

»Zum Essen«, erinnerte sich Valentins Enkelin Anneliese Kühn, »hat der Opa gerne ein Stück trockenes Brot gehabt. Seinen Kaffee oder Tee hat er am liebsten aus seiner Blechtassn getrunken. Bier hat's selten gegeben, höchstens einmal eine Halbe zum Mittagessen.« Beim Essen achtete er auch auf peinliche Sauberkeit seines Bestecks und des Tellers. »Zum Beginn der Mahlzeit wischte er seinen Teller mit der Serviette aus, was ein Misstrauen gegen die Hausfrau bedeutete«, erzählte seine Tochter Gisela.

Eine besondere Leidenschaft hatte Valentin für das Gewürz Maggi, mit dem er jede Speise würzte. »Hätt grad noch gefehlt«, so Valentins Enkelin Anneliese Kühn, »dass der Opa auch den Kuchen noch mit Maggi betropft hätt.« Auch Theo Riegler bestätigte, dass Valentin »ein leidenschaftlicher Liebhaber von Maggi« war. »Wo er Maggi erwischte, schüttete er es wahllos auf alle Speisen, die er zu sich nahm.« Schon als Dreikäsehoch war er dieser braunen Droge verfallen. Angeblich schlich er sich nachts heimlich in die Küche, tränkte eine Scheibe Schwarzbrot mit ein paar Spritzern dieser Speisenwürze. Eine Suppe – gekocht mit Rindfleisch, Knochen und Wurzelgemüsen – wurde erst mit etlichen Tropfen Maggi zum ultimativen Gaumenkitzel für ihn. Regelrecht braun musste eine Hühnerbrühe von diesem Gewürz werden.

Feinschmecker, für die dieser gesundheitsschädliche Geschmacksverstärker absolut tabu war, rieten Valentin zu natürlichen Gewürzen wie etwa Liebstöckl, das wie Maggi riecht und nicht umsonst den Beinamen »Maggikraut« hat. Außerdem, so warnten sie ihn, mache Maggi süchtig. Der Körper gewöhnt sich daran und will

Maggi war für Valentin die Krönung aller Speisen.

immer mehr. Wer Maggi braucht, so sagten sie, der sei es nicht wert, »Feinschmecker« genannt zu werden. »Ich bin ja auch kein Feinschmecker«, sagte Valentin, »ich bin ein Maggi-Schmecker«, und das blieb er dann auch bis zu seinem Lebensende.

Kartoffeln oder Brot?

Für Valentin gehörte zu jeder Mahlzeit ein Stück dunkles Mischbrot. Besonders liebte er den Brotanschnitt, das sogenannte »Scherzl«, oder auch das letzte Brotstück mit der Brotrinde. Ob es nun Schweinsbraten mit Knödel gab oder Süßspeisen, immer musste ein Stück Brot dabei sein. War keines auf dem Tisch, dann fragte er seine Frau: »Geh, hast nicht noch a Stückerl Brot für mich?« Einmal gab es als Nachtisch Eis. Den Rest tunkte er mit einem Stück Brot genüsslich aus seinem Schüsselchen.

Als ein Bekannter Valentins einmal behauptete, dass die Kartoffel ein vielseitiges Nahrungsmittel sei, widersprach Valentin sofort:

Valentin: Das ist ein Unsinn, was Sie da sagen – eine Kartoffel vielseitig – eine Kartoffel ist überhaupt nicht seitig, eine Kartoffel ist rund – ovallänglich; bei einem Zigarrenkistchen kann man sagen, das ist vielseitig, oder eine Harfe – eine Zither, die ist vielsaitig.
Bekannter: Nein! Ich meine eine Kartoffel ist vielseitig in ihrer Zubereitung – eine Gans können Sie nur braten, aber die Kartoffeln können Sie braten, sieden, rösten; man kann sogar Kartoffelknödel daraus machen – aus einer Gans können Sie keine Gansknödel machen, niemals! Und deshalb ist die Kartoffel die Hauptnahrung der Menschen.
Valentin: Nein! Die Hauptnahrung der Menschen ist das Brot; weil es schon im Gebet heißt: »Unser täglich Brot gib uns heute.«
Bekannter: Ja, ja, aber das kommt nur daher, weil die Kartoffeln viel später entdeckt wurden; wenn die Kartoffeln vor dem Brot ...
Valentin: Sparen Sie sich Ihre Worte. Ich weiß schon, was Sie sagen wollen. Dann müßt es in dem Gebet heißen: »Unsere täglichen Kartoffeln gib uns heute.«
Bekannter: Wenn Sie natürlich alles philosophisch zerlegen, stimmt vieles nicht auf der Welt, dann dürfte man auch nicht sagen: »Unser täglich Brot gib uns heute«, sondern man müßte sagen: »Unser täglich Brot gib uns immer«, denn was nützt mich das, wenn ich heute ein Brot habe und morgen hab ich keines.
Valentin: Das muß man sich halt einteilen und die Hälfte auf morgen aufbewahren.
Bekannter: Dann ist es aber nicht mehr frisch.
Valentin: Aber viel gesünder. Denn in jedem Bäckerladen hängt jetzt ein Plakat: »Eßt kein frisches Brot!«
Bekannter: Dann muß ich wieder auf das Gebet zurückkommen. Dann müßte es heißen: »Unser täglich Brot gib uns morgen.«
Damit war Valentin einverstanden.

Von Spargelköpfen und Vitaminen

Wenn es zum Mittagessen Spargel gab, dann schnitt Valentins Tochter Bertl regelmäßig die Köpfe ab, die sie unappetitlich empfand, und legte sie ihrem Vater auf den Teller. Nur das Spargelmittelstück fand sie gut. Valentin schüttelte dann den Kopf und meinte: »Das ist doch grad das beste!« Er gab Bertl den Rat: »Ruf doch mal beim Zirkus Krone an, die suchen an dumma August. Die nehmen dich sicher.«

Einmal fragte Valentin den ihm nahestehenden Schriftsteller Wilhelm Hausenstein: »Können Sie mir erklären, Herr Doktor, wie so ein Vitamin, wo man jetzt so viel hört, eigentlich ausschaut? Kürzlich hätt ich bald eins gsehn, in einem Schweinemetzgerladen is gsessn – auf einer Leberwurst. Ich denk mir no: Ah – de san aber groß die Viecher, und wie ich meine Brille aufsetz, seh ich erst, daß doch koa Vitamin net war. A Fleischfliagn is gwesen.«

Kaffeeklatsch

Seinen Kaffee trank Valentin stets aus derselben alten Blechtasse, aus der kein anderer trinken durfte. So war er sich sicher, dass die Tasse durch keine andere Person verunreinigt worden war und er sich womöglich mit einer gefährlichen Krankheit hätte anstecken können. Für einen nachmittäglichen Kaffeeklatsch hatte Valentin nur wenig übrig. »Schade um die Zeit!«, meinte er. »Es kam aber schon vor«, so erzählte seine Tochter Bertl, »daß er eine Tasse gewässerten Malzkaffees (ohne Milch und ohne Zucker) mittrank, wenn Mama bettelte: ›Schön wär's schon, wennst für uns auch noch a bisserl Zeit hättst!‹, und dann wurde es fast immer zünftig. Alles, was Papa erzählte, spielte er vor. Ob es sich nun um ein altes Weiberl handelte oder um einen zackigen Offizier – man sah die Personen lebendig vor sich.«

Häufig sammelte er aber, noch bevor alle ihren Kaffee ausgetrunken hatten, die Untertassen ein, womit er zu verstehen gab, dass man sich endlich wieder an die Arbeit machen solle. »'s Mädi deckt gern an Tisch mit Bleamerln und Deckerln und Vaserln, und i räum gern weg, damit wieder Platz wird!«, erklärte er diese Aktion.

War Valentin zum Kaffee eingeladen, konnte Folgendes passieren, wie sein Privatsekretär Adalbert Lobinger erlebte. Als alle am Kaffeetisch Platz genommen hatten, kramte Valentin ein Päckchen Baseler Lebkuchen aus der Tasche und reichte es Herrn Lobinger, der darin ein Gastgeschenk vermutete: »Da hab i Eahnane Töchter a paar Lebkuacha mitbracht«, sagte Valentin, fügte aber rasch hinzu: »Dafür kriagat i zwoa Mark achtzge vo Eahna!«

Lobinger antwortete schlagfertig: »Is schon recht, Herr Valentin, ich gebe Ihnen das Geld gleich nachher.«

»Was jetzt?«, meinte Valentin. »Gleich oder nachher? Besser wär's schon gleich.« Beim Blick auf die Kaffeetasse fragte Valentin: »Haben S' koa größere Tass? I mag aa die Tassn net, wo der Henkel auf der rechtn Seitn is.«

Daraufhin brachte Lobinger eine Suppentasse und stellte sie so hin, dass sich der Henkel auf der linken Seite befand. »So! Die is recht«, äußerte Valentin zufrieden. Nun griff er nach der Papierserviette und steckte sie in den Hemdkragen. Dann nahm er einen Lebkuchen und jetzt stellte es sich heraus, weshalb er die große Tasse gewünscht hatte. Er tauchte den Lebkuchen nämlich in den Kaffee, aber nicht der Länge nach, sondern der Breite nach. Und nur so mundete ihm der aufgeweichte Lebzelten ausgezeichnet.

War Valentin zum Kaffee eingeladen, mündete das bisweilen im Chaos, wie in seinem Film »Der Sonderling«, in dem Valentin einen Schneidergesellen spielt, einen Einzelgänger und sonderbaren Menschen. Die Frau des Schneidermeisters, gespielt von

Liesl Karlstadt, hat ein Auge auf ihn geworfen: »Sie sind immer so allein, so ein hübscher, junger Mann wie Sie«, so umgarnt sie Valentin und lädt ihn zum Kaffee ein. Der Tisch ist liebevoll gedeckt mit einem Kuchen, mit einer schönen Kaffeekanne, mit Sahne und einem Teller voll Lebkuchen und Gebäck. Ständig unterbricht dieses Tête-à-tête eine Kundin und jedes Mal, wenn es klopft, muss der Kaffeetisch mit der Tischdecke zugedeckt werden, damit das Techtelmechtel zwischen dem Schneidergesellen und der Frau des Schneidermeisters verborgen bleibt. Das fortwährende Auf- und Zudecken führt zu schlechter Letzt dazu, dass das Geschirr samt Kaffee und Kuchen auf dem Boden landet und alles in Scherben geht.

In einem seiner ersten Filme mit dem Titel »Karl Valentins Hochzeit« von 1912/13 sucht der spindeldürre Junggeselle Valentin nach der Lektüre einer Heiratsannonce die übergewichtige Frau Walzenberger auf – gespielt von dem korpulenten Georg Rückert. Sie zerrt ihn sofort ins Haus und zwingt ihn bei Kaffee und Kuchen, den Ehevertrag zu unterschreiben. Dabei geht es hoch her und reichlich wird Tortencreme verspritzt, bevor die tonnenförmige Angetraute auf Valentin fällt und ihn platt walzt.

Einmal war Valentin bei dem Komponisten Fred Sporer eingeladen, wollte aber, wie Theo Riegler berichtet, »weder Wein noch Kaffee serviert bekommen, sondern auf seinen ausdrücklichen Wunsch eine ›Tasse heißes Wasser‹ mit ›drei Tropfen Tee‹«. Es wurde ihm auch gebracht. »Valentin trank das schale Wasser mit großem Behagen aus und fiel dann mit bester Laune über die anderen Leckerbissen her.« Vielleicht fiel ihm da auch die folgende Anzeige ein, die er in die Zeitung setzen ließ. Sein Angebot lautete:

Schönes Speisezimmer
bestehend aus Speise und Zimmer
Offerte unter 3333333333

Tee muss man nicht trinken

Ist Tee bei den meisten Menschen als Getränk beliebt, so nutzte ihn Valentin zu etwas anderem. Zum Ende des Zweiten Weltkriegs wurde es immer schwieriger, an Zigaretten zu kommen, was Valentin, der auf Tabak nicht verzichten konnte, auf eine Idee brachte.

»Im Garten«, so erzählte mir Anneliese Kühn, »wuchs der sogenannte Kropftee, ein beliebtes Hausmittel gegen den Kropf. An den richtigen Namen der Pflanze kann ich mich nicht mehr erinnern, ich weiß nur noch, dass sie große grüne Blätter hatte, die mein Opa im Garten pflückte und von seiner Frau zum Trocknen auf die Wäscheleine im Speicher aufhängen ließ. Die getrockneten Blätter zerrieb und zerschnitt er dann in kleinste Teile, machte daraus aber keinen Tee, sondern stopfte sich die Brösel anschließend in seine Pfeife. Auch wenn das kein echter Tabak war, für meinen Opa war der ›Kropftee-Tabak‹ zumindest solange rauchbar, bis er wieder an echte Zigaretten gekommen ist.«

Das stürmische Bier

Im Frühjahr 1923 wurden Valentin und Liesl Karlstadt für eine vierwöchige Tournee in die Schweiz in die Züricher Bonbonniere verpflichtet, was Valentin allerdings sehr beunruhigte, da er in die Schweiz nicht mit der Straßenbahn fahren konnte. Liesl Karlstadt gelang es schließlich, ihn zu dieser »Weltreise« zu überreden. Schon auf der Zugfahrt stand Valentin entsetzliche Ängste aus, wie die Karlstadt berichtete: »›Ich versteh di net‹, hat er immer wieder zu mir gsagt. ›Wie kannst mir denn so was antun, wo ich doch 's Bahnfahrn so fürcht, muss i jetzt bis in die

Schweiz!'« Als der Zug in Lindau ankam, schlug plötzlich das Wetter um. Doch trotz des aufziehenden Gewittersturms begann die Überfahrt auf dem Bodensee. Über das Schiff schlugen meterhohe Wellen und schleuderten die Passagiere hin und her. »Der Valentin ist am Gang gekniet«, so erinnerte sich die Karlstadt, »und ein Matrose hat mir den freundlichen Rat gegeben, den armen Mann doch in den Rauchsalon zu bringen, dort wär's etwas ruhiger. Ich hab ihn in den Rauchsalon gezogen und ihn dort in einen Klubsessel verstaut und dann sag' ich zu ihm: ›So. Jetzt bleibst ruhig sitzen, ich bring dir a Bier und komm gleich wieder.‹« Doch das Bierholen war ein Abenteuer für sich. Als die Karlstadt zurückkam, hockte »Valentin am Boden neben dem Klubsessel, totenblass, in letzter Verzweiflung und meinte: ›Das Wetter is ja nur komma, weil ich fahr!‹ Zum Trost hab' ich ihm gleich das Bierflaschl in die Hand drücken wolln, was aber gar nicht so einfach war, denn kaum war ich in seiner Näh', haut eine Well'n vorn den Schiffbug in die Höh' und mich hat's nach hinten an die Salonwand hindraht. Und wie der Valentin aufstehn will, um mir zu helfen, da kommt die Gegenbewegung, dass man richtig hat sagen können: ›Jetzt is 's hint höher wie vorn‹ – und schon sind wir alle zwei an die gegenüberliegende Salonwand gsaust. Leider hat sich das ›Spiel‹ bis Rohrschach noch oft wiederholt und [...] es war ganz unmöglich, das Bier ins Glas einzuschenken, alles ist daneben und auf den Boden glaufen, und wir zwei sind hin- und hergflogen wie zwei Bsoffene. Dem Valentin war sterbenselend und so oft sichs Schiff nach vorn geneigt hat, hat er gjammert: ›Mei, oh mei, jetzt gehn mir unter und ausgerechnet heut' am Christi Himmelfahrtstag!‹« Biertrinken bei Seesturm wollte Valentin jedenfalls nie mehr erleben.

Chaotisches Abendessen

In dem Stück »Theaterbesuch« erhalten Valentin und Liesl Karlstadt überraschend zwei Billets für einen Theaterbesuch. Da es schon spät ist, müssen sie bald aufbrechen. Doch zuvor gibt es noch das Abendessen. Die Karlstadt bringt aus der Küche eine Schüssel mit Kraut und ein paar Würstchen. Beide setzen sich zu Tisch.

Valentin nimmt sich zwei Würstchen und vergleicht die Länge, bevor er seiner Frau das kleinere Würstchen in den Teller wirft. Dann fahren beide mit ihren Gabeln zugleich in den Krauthaufen, wobei sich ihre Gabeln verhaken. Vergeblich versuchen sie, die Gabeln auseinanderzuzerren. Weil das nicht klappt, hämmert Valentin die Gabeln mit dem Messer auseinander. »Da, jetzt ist die Gabel krumm«, schimpft die Karlstadt, »jetzt weiß ich wenigstens, wer unsere Gabeln immer so kaputt macht.«

Nun fordert sie Valentin auf, endlich mit dem Essen zu beginnen und schnell zu machen, da es doch pressiert, sonst kämen sie zu spät ins Theater. Doch Valentin widerspricht: »Schnell soll man nicht essen, das ist ungesund.« Die Karlstadt fackelt nicht lange herum und schöpft Kraut aus dem Topf in Valentins Teller, aber der wirft es sofort entrüstet zurück, dass alles auseinanderspritzt. »Ich nehm mir mei Sach scho selber«, protestiert er und nimmt in aller Ruhe Kraut aus dem Topf. Jetzt kann das Abendessen endlich beginnen. Doch Valentin steht auf und holt erst noch einen Spiegel, den er dann vor seinem Teller aufstellt. Er schiebt sich den ersten Bissen in den Mund und beobachtet sich beim Kauen angestrengt im Spiegel. Die Karlstadt schüttelt entnervt den Kopf: »Mach doch kein Geckerl!«, schimpft sie. »Unterm Essen braucht man doch nicht in den Spiegel zu schauen.« Darauf Valentin: »Doch, gerade da – dann hat man nämlich zwei Portionen.«

Ein anderes Mal bekam Valentin zu einem Haferl Kaffee seinen über alles geliebten Apfelstrudel. Er schmeckte ihm diesmal besonders gut. Da unterbrach er das Essen und bat um ein Tuch und etwas Watte. Es wurde ihm gebracht. Valentin verband sich die Augen, stopfte sich Watte in beide Nasenlöcher und erklärte: »Jeder weiß doch, dass das Auge immer mitisst und auch die Nase. Doch bei diesem wunderherrlichen Apfelstrudel will ich keine Mitesser haben.«

Valentins Würstlvergleich: »Die längere ghört mir!«

DIE PHÄNOMENE
HUNGER UND DURST

»Des ist schon komisch«, sinnierte Valentin einmal. »Der Appetit kommt beim Essen, aber der Durst verschwindet beim Trinken.« Und ein anderes Mal räsonierte er: »Es ist schon komisch, wenn man einen Rausch hat, merkt das ein jeder sofort. Wennst aber Durscht hast, dann bemerkt das keiner.« Und als er im Hofbräuhaus von einer Touristin, die von den zahlreichen Bier trinkenden Gästen angewidert war, gefragt wurde: »Sagen Sie mal, gibt's denn eine noch schlimmere Geißel als den Alkohol?« – »Ja«, brummte Valentin, »an Durscht.« Und ein anderes Mal schloss er: »Ein Betrunkener ist schon was Ekliges, aber das Widerlichste ist, wenn sich ein Nüchterner einen Rausch ansauft.« Hunger und Durst beschäftigten Valentin immer wieder. So stand er einmal vor einem Aquarium und meinte: »Ein Fisch müßt ma sein. Die brauchen zum Trinken bloß ihr Maul aufmachen, auch wenn sie keinen Durst haben.«

Wegen ausstehender Honorare meldete er sich mehrfach bei den betreffenden Personen, indem er ihnen verdeutlichte, dass er kein Geld mehr habe und deshalb Hunger leiden müsse. So erinnerte er Dr. Walter Behrendt, den Feuilletonredakteur der »Münchner Neuesten Nachrichten«, 1926 brieflich an ein noch fälliges Honorar:

Sehr geehrter Herr Docktor Behrendt! Bin bis morgen noch nicht im Besitze des Honorars für den verregneten Artikel »Der Regen«. Ich habe seit drei Tagen kein Stück Brot mehr zuhause, dasselbe liegt noch ungekauft beim Bäcker. Ich, meine Kinder, die Grossmutter und der Papagei schreien nach Brot. Alles ist schon verkauft und versetzt, verfressen, versoffen und verraucht. Und die braunen Tausender behalten immer noch ihren ungültigen Wert. Es ist zum Kotzen. Geben Sie sofort, ohne sich zu besinnen, eine Expressflugpostanweisung auf, über 60,-- Mark. - Sollte binnen der Betrag in meinem Besitze nicht sein, bin ich leider gezwungen, länger zu warten, so leid mir das tut. Ihrem Wunsche sofort nachkommend zeichnet Niederverachtungsleer Karl Valentin

Am 25. April 1936 flehte er den Regisseur Erich Engels an:

Hochgeschätzter, lieber, guter Herr Engels! Schicken Sie uns die zwei Drehbücher zu den beiden Kurztonfilmen, die Sie in München drehen wollen. Meine Riesengage von 4.510.- Mark ist aufgebraucht, die Varietés in München sind für dieses Jahr alle schon besetzt, in der Schreinerei ist auch nichts mehr los und zum Arbeitsdienst bin ich zu alt. Meine Familie schreit nach dem täglichen Brot. Kommen Sie als rettender Engels und bringen Sie mir Arbeit. Unsere Vorratskammer enthält an Lebensmitteln nur mehr eine Schachtel Oelsardinen, 2 Pyramidontabletten und ein Glas Münchner Wasser. Morgenvormittag 11 Uhr schlachten wir die letzten Wanzen, welche am Spiess gebraten werden.

Skurrile Schreiben von Valentin mit Anspielungen auf Essen und Trinken erhielten auch andere Personen, so am 6. Juli 1934 ein befreundeter Wirt in Passau, der ihn und Liesl Karlstadt bat, bei ihm aufzutreten:

Lieber Freund! Deinen Brief haben wir erhalten; Du schreibst mir, wenn ich 10 Tage Urlaub habe, könnten wir bei Dir arbeiten. Leider haben wir 4 Wochen Urlaub. Das käme Dir zu teuer. Du schreibst auch, auf ein paar Mass käme es Dir nicht an. Rechne es Dir aus, ich und Fräulein Karlstadt allein trinken täglich 15 Mass Bier und essen täglich an die 4 Pfund Leberkäs.

Als Valentin einmal im Münchner Deutschen Theater gastierte, ertönte plötzlich aus seiner Garderobe ein Geschrei: »Loslassen! Sofort loslassen! Sie sollen mich loslassen!« Ein vorbeikommender Schauspieler riss sofort die Türe auf, um nachzusehen, was passiert war. Doch Valentin saß ganz alleine in der Garderobe. »Was war denn los, Herr Valentin?«, fragte der Schauspieler erschrocken. Darauf Valentin: »Was los war? Mei, da Durst hat mich grad gepackt g'habt.« Wollte Valentin einmal nichts essen und wurde er gefragt, ob er denn keinen Appetit habe, meinte er: »Nein, heut bin ich unappetitlich.«

Der Allesfresser

Da Valentin sich selbst als Allesfresser bezeichnete, kam ihm auch die Idee zu einem Film, der leider allerdings nur als Skript vorhanden ist und nie wirklich verfilmt wurde. Darin hätte Valentin die Rolle eines »dahintrottelnden Landstreichers« gespielt, »der keinen Pfennig Geld in der Tasche aber den Magen voll Hunger hat. Er frisst und säuft alles, was ihm in den Weg kommt. So steht vor einem Haus ein Kohlenwagen, er nimmt sich ein Stück Kohle (Schokolade), isst dieselbe und geht langsam weiter. Beide Hände in die Hosentaschen gesteckt, schweift sein Blick umher bis er wieder etwas entdeckt hat.

An einem Obstwagen geht er vorbei, der Obsthändler schaut zufällig weg, statt dass er Obst stiehlt, stiehlt er eine braune Obsttüte welche an dem Wagen hängt und frisst die Tüte (Holypenteig), [gemeint sind Hohlhippen, ein dünner Oblatenkuchen], er wandelt weiter, nähert sich einem Neubau, dort liegen Zementsäcke aufgestapelt, er nimmt sein Taschenmesser, sticht in einen Sack hinein, hebt die Hand an die geöffnete Stelle und frisst den Zement (Schokoladenpulver.) Der Zementstaub ist trocken, wo gibt es nun schnell etwas zu trinken, und weil er soeben vor der Postanstalt steht, begibt er sich in den Schalterraum, in welchem mehrere Schreibpulte stehen, und säuft dort mehrere Tintengläser aus (schwarzer Heidelbeerwein). Er verlässt den Raum wieder und findet in einer Kehrrichttonne einen alten Regenschirm, er reisst die Regenschirmstäbchen (Spagettistäbchen schwarz gefärbt) heraus, frisst sie und geht wieder weiter. – Er findet auf der Strasse ein altes Schreibheft, reisst ein weisses Blatt Papier (weisse linierte Oblate) heraus und verspeist es. – Valentin frisst Oelfarbe – ein echter Malertopf, an dem jahrelange Oelfarbekrusten hängen steht an irgendeiner Ecke. Valentin zieht den Pinsel heraus der voller Oelfarbe ist und nimmt den ganzen Pinsel in den Mund (in dem alten Farbtopf steht ein Glas dunkelgefärbter Honig oder irgendeine andere Masse Schokoladenpudding oder drgl.) An einer alten Haustüre steckt ein alter verrosteter Schlüssel, er zieht denselben heraus und verzehrt denselben (Marzipan Gegenstände ›Alt Eisen‹ aus Marzipan bekommt man fertig zu kaufen).

Kieselsteine hebt er vom Boden auf, wirft damit ein Fenster ein (mit richtigem Stein) hebt noch einen Stein auf (aus Marzipan) will wieder werfen, aber er isst denselben lieber. Er sieht am Boden das zerworfene Fenster liegen, hebt es auf, bricht es zusammen (evtl. sind solche Glasscherben aus Gelatine herzustellen?)

Die Strasse wird geteert, heimlich schleicht sich Valentin an den Teerofen, nimmt den grossen Schöpflöffel zur Hand und geniesst mit Wohlbehagen den heissen Teer (schwarzes Hollundermus). Er trinkt aus einer durchsichtigen Glasflasche mit dem Etikett Salzsäure, er zeigt sogar, dass es echte Salzsäure ist, indem er einen Kupferpfennig auf einen Teller legt, ein wenig Salzsäure darauf giesst und eine Dampfwolke steigt empor (der Pfennig ist vorher fast glühend gemacht worden). Er entfernt vor dem Daraufgiessen und vor dem Trinken den Kork, worauf Rauch aus der Flasche dringt wie bei echter Salzsäure (Der Rauch wird vorher durch Zigarrenrauch in die Flasche hineingeblasen. Die gelbe Säure ist durch dünnen Tee oder helles Bier dargestellt.)

So können noch vielerlei Gegenstände, welche man essbar

imitieren kann, ausstudiert werden. Die Pointe ist die, dass Valentin alles erdenkliche frisst und verträgt, nur eine Speckwurst, die er sich in einem Schweinemetzgerladen gebettelt hat, wird ihm zum Verhängnis. Er trottelt langsam auf der Strasse weiter, sucht vergebens einen Bäckerladen, da verspeist er die Wurst ohne Brot – da wird ihm schlecht (Grossaufnahme vom allmählichen Schlechtwerden) er lehnt sich über ein Brückengeländer und kotzt sich – Motto: Ende schlecht – alles schlecht!«

Auf der Bühne spielte Valentin mehrmals den »Kohlenfresser von der Oktoberfestwiese«, wie Hellmuth Krüger berichtete, dem er nach der Vorstellung klagte, dass »ihm das Bier nicht mehr schmecke, da er auf der Bühne jeden Abend Schokolade essen müsse«. Bei diesem Sketch ging die Karlstadt mit einer Kohlenschaufel durch das Publikum und jeder Zuschauer konnte sich persönlich davon überzeugen, dass lauter Koksstücke auf der Schaufel lagen. »Valentin stand auf der Bühne«, erzählte Hellmuth Krüger, »und verfolgte das Herumtragen seines Abendbrotes mit hungrigen Blicken. ›Ach geh!‹, sagte die Karlstadt zu ihm, ›schaun S' net so gierig! Es frißt Ihnen eh keiner was weg!‹ Während sie auf die Bühne ging, zauberte sie ein Stückchen Schokolade auf die Schaufel und das zerkaute Valentin mit gierigem Behagen – aber nur äußerlich. Innerlich litt er Qualen«, da ihm das ständige Schokoladeessen nicht behagte.

Können Zigaretten Nahrung sein?

Für Valentin waren sie das schon. Er rauchte nämlich eine Unmenge von Zigaretten, obwohl er doch Asthmatiker war und ihm die Ärzte dringend vom Rauchen abrieten. Doch er meinte: »Ich kann mein Fesol [sein Asthmamittel] nicht nehmen, bevor ich net a Zigarettn graucht hab.« Aber auch den Genuss von Zigarren, Zigarillos und Pfeife verachtete er nicht.

Nach dem Zweiten Weltkrieg war er förmlich auf Zigarettenjagd. Im Hause Ueblacker, das seinem Grundstück schräg gegenüber lag, versuchte Valentin mehrfach, von der jungen Juliana – sie erledigte für ihn auch Schreibarbeiten – und deren Schwester Maria Zigaretten zu schnorren. Er schien es geradezu zu riechen, wenn es dort wieder einmal welche gab. Auf Raucherkarten war er besonders erpicht. Diese waren ebenso wie die Lebensmittelkarten Bezugsscheine, die nach dem Krieg regelmäßig an die Bevölkerung ausgegeben wurden, wobei die Kontingentierung nach einem Punktesystem erfolgte. Valentin schien in dieser Zeit tatsächlich vorrangig von Nikotin gelebt zu haben. Da er seine Tabakzuteilung meist rasch aufgebraucht hatte, freute er sich natürlich, wenn er von Nichtrauchern Zigaretten oder ganze Raucherkarten geschenkt bekam.

»Ich war ihm immer eine angenehme Begegnung«, erzählte auch Ursula Wagner, »da er ab 1945 regelmäßig meine Tabakzuteilung erhielt, er war nämlich ein leidenschaftlicher Raucher. Ich wohnte in der Gumstraße [in Planegg] gegenüber vom Haus des Kunstmalers Otto Pippel und Valentin kam häufig mit der Frage zu mir, ob ich denn keine Schere zum Schleifen habe. Dabei hoffte er aber insgeheim, meine Tabakzuteilung zu bekommen, die ich ihm auch immer gerne überließ. Als Anerkennung dafür schenkte er mir einmal eine alte Trompete mit selbstgedrechseltem Mundstück, wie er betonte, und außerdem eine lädierte Geige mit den Worten: ›Hier hab' ich was für Sie. Die muß bloß a kleins bißl hergricht werdn.‹ Er dachte wohl, daß mein damals fünfjähriger Sohn Werner damit herumhantieren und wo-

Nach einem guten Essen genehmigte sich Valentin gerne eine Zigarre.

möglich sogar Freude am Violinspiel entwickeln könnte. Im benachbarten Lebensmittelgeschäft Fendelschmid bekam er gelegentlich ein paar Nahrungsmittel ohne Marken zugesteckt und deshalb plauderte er immer gern mit der Geschäftsfrau, wobei er sich – ich seh ihn noch wie heut – mit beiden Armen aufs Küchenfester lümmelte.«

Wurde ihm ein Glimmstengel angeboten, sagte er bisweilen recht großzügig: »Dankschön, nehmen S' Ihnen doch auch eine!« Und einmal gestand Valentin: »Ich hab aufghört zu rauchen, aber fang bald wieder an, mit dem Aufhören aufzuhörn.« Auch Franziska Bilek kannte Valentins Zigarettensucht. Am 5. Februar 1946 schrieb sie ihm: »... und wenn's einmal warm wird, so richtig warm, dann besuch ich Sie einmal. Hoffentlich hab ich bis dahin Zigaretten. Oder wenigstens eine Größere. Bis dahin empfehle ich Ihnen eine Mischung von Sennesblättertee, Kamillen, Huflattich und etwas Matrazzenfüllung. Dazu gehören etwa 2 bis 3 abgeschnittene Zehennägel. Oder ein Stückerl von einem wollenen Pullover. Im Mai können Sie auch 4 Maikäfer durch die Mokkamühle treiben und dazu legen. Gott sei Dank bin ich Nichtraucherin, mich quält also derartiges nicht.«

Ende 1946 tauschte Valentin bei einem Gärtner in Planegg sogar zwei Sensen, die ihm auf Bitten von Frau Karola Prantl von der »Bayerischen & Tiroler Sensen-Union AG« zur Verfügung gestellt wurden, gegen Zigaretten ein. Als der Rechtsanwalt Ertl aus der Gumstraße 15/I, der Valentin einmal 25 Zigaretten schuldete, ihm dafür seine Raucherkarte mit drei Punkten gab, erhielt Valentin in dem Tabakgeschäft, wohl aus Versehen, statt 30 Zigaretten 40 Stück. Da schien ihn das Gewissen geplagt zu haben, denn er beichtete dem Besitzer des Tabakladens den Vorfall: »Ich weiß, daß Sie sagen werden«, schrieb er ihm, »die behalten Sie. Da Sie mir aber schon einige Male sehr viel Gutes getan haben, scheint die Sache mir, als ob ich Ihre Güte ausnutzen möchte.«

VALENTIN ALS GASTGEBER UND EINGELADENER

Wer sich von Karl Valentin einladen ließ, der war gut beraten, auf alles Mögliche und Unmögliche gefasst zu sein. »Darf i Eahna zum Essen einladen?«, fragte er einmal einen Bekannten. »A Stück Hausbrot hätt' i noch da … Oder mögen Sie vielleicht ein Glas Sekt – zu zweit?« In Berlin, so erzählte Valentin der befreundeten Karikaturistin Franziska Bilek, habe er einmal eine korpulente Frau – Valentin schätzte vollschlanke Damen – in ein Restaurant eingeladen, »aber die hätt mich bald arm gfressn … zerscht a Essn und nacha a Nachschbeis … und no a Nachschbeis – und a Eis und no a Eis … und an Kaffä und an Kuchen mit Schlagrahm … und no an Schlagrahm … des war ma nacha doch z' vui«.

Was die gastgeberischen Qualitäten dieses Mannes betrifft, konnten die eingeladenen Gäste jedenfalls so einiges erleben. Und nicht weniger problematisch war es, Valentin zu sich nach Hause zum Essen einzuladen.

Unwillkommene Gäste

Vor ihm unangenehmen Besuchen, etwa hartnäckigen Regisseuren, die Valentin zur Mitwirkung in einem Film überreden wollten, ließ er sich bisweilen verleugnen. Er floh vor ihnen auf den Speicher und harrte dort entweder aus, bis die Luft wieder rein war, oder er stahl sich heimlich davon, während der Gast bei seiner Frau oder Tochter in der Küche wartete.

Als der Regisseur Erich Engels Valentin das erste Mal in seiner Münchner Wohnung in der Mariannenstraße besuchen wollte, um ihn für den Film »Kirschen in Nachbars Garten« zu engagieren, geschah Folgendes:

Nachdem Engels geklingelt hatte, öffnete Valentin nach einiger Zeit die Tür und schaute den Besucher misstrauisch an. »Bitte verzeihen Sie«, stotterte Engels. »Ich möchte ...«. Da schlug Valentin die Tür zu. Als Engels nochmals klingeln wollte, hörte er schlurfende Schritte, die Türe wurde geöffnet und Valentin reichte dem Verdutzten ein Paket, das in Zeitungspapier gewickelt war und schlug die Tür abermals zu. Engels öffnete das Paket und es kam eine Schnitte Brot mit Wurst zum Vorschein. Jetzt wollte Engels klären, dass er kein Bettler sei und klingelte zum dritten Mal. Die Tür wurde aufgerissen und der wütende Valentin erschien.

»Nein, ich will doch kein Wurstbrot ...«, stammelte Engels. »Ich will doch ...«

Weiter kam er nicht, denn jetzt brüllte der erboste Valentin: »Naa, naa, Sie Hallodri, Geld kriagn S' fei net« und schlug die Türe erneut zu. Jetzt reichte es Engels und er schrie, er sei doch kein Bettler, sondern ein Filmregisseur.

»Des is dasselbe«, tönte es aus der Wohnung. Erst nach einer Pause öffnete Valentin die Türe und fragte: »Was wolln S'?«

»Sie engagieren, Herr Valentin, Sie und die Liesl Karlstadt.« Nun ließ ihn Valentin doch in die Wohnung.

Einmal war das Ehepaar Hoferichter zu Valentin nach Planegg eingeladen worden. Der bekannte Münchner Schriftsteller nahm gemeinsam mit seiner Frau die damals beschwerliche Fahrt nach Planegg auf sich und stand schließlich abgekämpft vor dem Haus des Komikers. Erst nach mehrmaligem Läuten öffnete Valentin das obere Fenster und rief nach unten: »Ja, was ist los?«

Ernst Hoferichter antwortete: »Herr Valentin, wir sind heute bei Ihnen eingeladen.«

Valentin rief nach unten: »Davon woaß i nix.«

»Ja, was sollen wir nun machen?«, fragte Hoferichter betreten. »Sollen wir wieder heimfahren?«

Darauf Valentin: »Ja, des werd des Beste sein.« Er ließ die beiden nicht herein, denen nichts anderes übrig blieb, als wieder nach Hause zu fahren.

Auch den Theaterwissenschaftler Bach und den Stadtrat Seemüller ließ Valentin einmal zu sich nach Planegg kommen, wie Hannes König berichtete. »Als sie ankamen, rief er zum Fenster hinaus: ›Ja mei, heut paßt mir ihr Besuch fei gar net!‹ Und so schickte er die beiden fort. Boshaft rief er wenig später bei Bach an und erkundigte sich schadenfroh: ›Ham S' Eahna g'ärgert, was?‹«

Ein anderes Ehepaar hatte Valentin für Sonntag zum Mittagessen eingeladen. Die beiden erschienen pünktlich. Valentin empfing sie mit Hut und Mantel. Der Bekannte meinte verwirrt: »Aber du hast uns doch neulich für heute zum …«

»Des ist ganz unmöglich«, fiel ihm Valentin ins Wort. »Dass i des gsagt hab, wo i doch jetzt ins Wirtshaus geh!« Und mit diesen Worten verließ er das Haus und ließ seine Gäste stehen.

Auch Erwin Münz schilderte ähnliches: »Valentin lud den Dramaturgen R.B. zum Kaffee in sein Häuschen in Planegg ein. Er stand hinter dem Zaun, der Eingeladene vor dem Zaun. Valentin machte keine Anstalten, die Gartentüre für den Gast zu öffnen. ›Sehn S'‹, meinte er, ›mir kemma nia zamm wegn dem Zaun.‹ Die Kaffeestunde kam nicht zustande.«

Einem weitschichtigen Bekannten, der Valentin in seiner Wohnung am Mariannenplatz in München aufsuchte, ohne von ihm eingeladen worden zu sein, hielt Valentin zur Begrüßung ein Stück Draht hin. »Da«, forderte er den Gast auf. »Langen S' damit in d' Steckdosn da nei.« Der Mann schaute ratlos auf Valentin. »Ja wissen S'«, erklärte Valentin. »Ich empfange nur geladene Gäste.«

Im Winter erwartete Valentin einmal zwei Besucher. Diese aber brachten noch einen dritten Bekannten mit und entschuldigten sich dafür bei Valentin. Doch der meinte nur: »Ja mir macht des nix aus, bloß i hab nur für zwoa Personen a Feuer gmacht.«

Kamen ungebetene Gäste zu Valentin, fragte er barsch: »Darf ich Ihnen was vorsetzen? A Stück altes Brot hätt ich noch da oder mögen S' vielleicht ein Glas Sekt trinken – zu zweit?«

Die Erfrischung und ein Stamperl schnapsloser Schnaps

1946 besuchte der Regisseur Kurt Wilhelm einmal Karl Valentin an einem heißen Tag. »Tiefen Eindruck«, so erinnerte sich Wilhelm, »hat mir seine Bewirtung gemacht. Weil es schwülheiß war, bot er uns eine ganz spezielle Erfrischung an: große Wassergläser mit stark verdünntem Essig und Sacharin. ›Des löscht den Durscht am allerbesten, werds 's sehn.‹ Er selber trank nichts davon ...«

Ein anderes Mal bot Valentin dem Regisseur Rolf Raffe ein Stamperl Schnaps an. Als er mit zwei gefüllten Gläsern aus der Küche zurückkam, prosteten sich die beiden zu. Schon beim ersten Schluck bemerkte Raffe, dass er nur reines Wasser bekommen hatte. Valentin erklärte ihm den Grund: »Sie müssen vielmals entschuldigen, Herr Raffe, in der Flasche war nur mehr ein einziges Stamperl drin, und irgendwas hab ich Ihnen doch auch anbieten müssen.«

»Ich hab immer ein paar leere Flaschen in der Küch stehen«, erzählte Valentin. »Es könnte ja einmal jemand zu Besuch kommen, der nichts trinken will.«

Ein Schauspielerkollege war bei Valentin zu Besuch. Der Komiker holte aus der Küche eine Kanne. »Das ist ganz was Besonderes«, sagte er geheimnisvoll. »Dieses Getränk stärkt nämlich den Verstand«. Und schon goss er dem Besuch ein Glas ein. Nach dem ersten Schluck rief der Kollege: »Aber das ist ja ganz normales Leitungswasser!« – »Siehgst«, meinte da Valentin, »es wirkt schon.«

Der Stress des Eingeladenwerdens

»Von irgendjemand eingeladen zu sein, erzeugte in Valentin Stress pur«, erzählte mir seine Enkelin Anneliese Kühn. »Da weiß man ja nicht, wer da alles kommt und was es zum Essen und zum Trinken gibt und ob man da lange bleiben muss und ob man das ganze dumme Gerede aushält.«

War er zum Essen eingeladen, hatte er Bedenken, die aufgetischten Speisen seien womöglich nicht sauber genug zubereitet worden. Selbst daheim wischte er vor dem Essen den Teller mit der Serviette aus. Mitunter packte ihn sogar die Angst, man könne ihn eventuell vergiften wollen. Oft steigerte er sich da in einen Verfolgungswahn hinein. Er lehnte dann die angebotenen Speisen ab und verlangte stattdessen nur ein gekochtes Ei, da die Eischale Eingriffe von außen ja verhindern würde und zum Trinken genügte ihm ein einfaches Leitungswasser.

Außerdem befürchtete er allen Ernstes, dass die Köchin vor der Zubereitung des Essens genäht haben könnte. »Und dabei«, so Valentin, »könnt' es doch passiert sein, dass sie beim Nähen eine Nadel am Tisch hat liegen lassen, die dann zufällig ins Essen hineingerät, ohne dass es jemand merkt.«

Es verwundert deshalb nicht, dass Valentin eine freundliche Einladung einmal mit den Worten ausschlug: »Leider kann ich nicht kommen. Mir ist zum Glück in letzter Minute eine Ausrede eingefallen.«

VALENTIN KOCHT

Wer glaubt, Valentin habe selbst nicht gekocht, der irrt. Auch wenn seine »Gerichte« etwas anders aussahen als die eines Kochs, so folgten sie doch demselben Prinzip.

Jeder Koch hat bekanntlich zuerst eine »Idee« und ersinnt dann den »Namen« des Gerichts, das er zubereiten will, zum Beispiel »Hasenbraten«. Dann kümmert er sich um die »Zutaten«, also einen Hasen, Margarine, zwei Becher Sahne oder Schmand, Salz und Pfeffer, eine Knoblauchzehe …

Hat er alle beisammen, macht er sich an die »Zubereitung«: Als erstes den Hasen zerteilen, feine Haare gründlich abwaschen und sehr gründlich trockentupfen. Nun mit der Knoblauchzehe abreiben und kräftig mit Salz und Pfeffer würzen. In einer beschichteten Pfanne ausreichend Margarine erhitzen. Wenn die Margarine heiß ist, die gewürzten Hasenteile anbraten …

Nichts anderes machte Karl Valentin, wenn er sich seiner »Kochkunst« widmete. Zuerst hatte auch er eine »Idee«, der er dann einen »Namen« gab. Ein Beispiel:

Name: Ritter Unkenstein, ein dramatisches Ritterspiel in zwei Akten
Zutaten: Regisseur, Besetzung, Kostüme, Masken, Requisiten, Bühnenbild usw.
Zubereitung: Man nehme einen Regisseur und sechs Schauspieler: Ritter Unkenstein, seine Tochter, das Ritterfräulein Kunigunde, Recke Heinrich, einen Trommler, einen Pfeifer und einen Scharfrichter, stelle diese auf eine Bühne und lasse sie folgendes Drama aufführen:
Ritter Unkenstein residiert auf der Burg Grünwald im Isartal. Da meldet sein Recke Heinrich, dass Ritter Rodenstein, Unkensteins Erzfeind (er tritt nicht auf), Burg Grünwald angreifen will. Unkenstein tobt, vor allem auch, weil seine

Tochter Kunigunde ein uneheliches Kind von Rodenstein hat. Der zornige Vater will das Mädchen deshalb hinrichten lassen, aber es finden sich keine Hinrichtungsinstrumente und Kunigunde ist gerettet. Zum Glück, denn das Kind hat einen merkwürdigen roten Spitzbart wie der Ritter Lenz von Ismaning (auch er tritt nicht auf), welcher der wahre Vater des Kindes ist. Der Vater beruhigt sich und ein rauschendes Burggelage wird gefeiert.

Wie Valentins Enkelin Annelies Kühn erzählte, war für ihren Opa ausgerechnet die Küche ein höchst wichtiger Ort, denn hier wurden von ihm überall Zetteln verteilt, auf die er seine Einfälle notiert hatte. Während das Kochen des Essens seine Frau oder seine Tochter Bertl übernahmen, die wussten, was dem Herrn des Hauses besonders schmeckte, brütete Valentin in der Küche seine Ideen für Bühnenstücke aus.

Obwohl Valentins Eltern seinerzeit Gisela Royes als Köchin angestellt hatten, in die sich Valentin verliebte und die er auch heiratete, hätte seine Frau selbst nie eine Köchin angestellt. In dem Monolog der »Frau Funktionär« lässt Valentin diese Dame auch erklären, warum. Mit den Dienstboten ist das »heutzutage aa so a Kreuz. Moana S'«, so jammert die Frau Funktionär. »Ich treibet jetzt a neue Köchin auf? Nicht um alles in der Welt. Dö ma jetzt ham, dera gfallts nimma bei uns, ham Sie Worte? Tut man dem Trampel alles, was man ihr von die Augen absieht; Mittag gibt ma ihrs ganze Essen, dös was mir nimma mögen, sie hat ihr eigenes Bett, d' Ortskrankenkasse laßt ma ihr selba zahln und da gfallts ihr nimma bei uns; da kann man doch gar nimma reden. Ich mein, wenn man einem Menschen in jeder Weise entgegenkommt wie ich – neulich bin ich ihr sogar zum Metzger entgegen komma, weil s' imma so lang ausbleibt und habs recht z'sammagstaucht.

Und ein wüstes Frauenzimmer ist das, jetzt ist sie schon 35 Jahre alt, meinen S', dö fürcht noch an Kaminkehrer? Ja, Schafkas – im Gegenteil, nachlaufa tuts ihm noch, dös Luder. Aber da derf ma nichts sagen, da waars aus bei mein Mann, über sei Käthi, da laßt er nichts kommen, dö wenn eahm viereckige Knödl am Tisch hinstellt, na sinds a rund bei ihm. – Alle 14 Tag hats Fräulein Käthi Ausgang von 2–8 Uhr, sie kommt aber jedesmal erst am andern Tag in der Früh heim mit graugreane Froschaugn.

Schaun S', auf Weihnachten hat ma koa Geld angschaut, mei Mann hat ihr drei Ohrringel kauft und einen Schlittschuh und ich hab ihr, daß s' auch a Freud hat, vom Kaspar Ostermayer 's Magdzimmer desinfizieren lassen; meinas ich hab an Dank ghabt, ja an Dreck – aber heuer auf Weihnachten, wenns noch bei uns ist, sollns von mir aus d' Wanzen fressen. Kinoschauspielerin möchts jetzt werden! Ham Sie Worte! Sie, mit dera broatti Bauernfünferlarva! Denken S' lieber an Eahna Kocherei hab i gsagt, daß S' lerna, auf was für a Seiten daß ma 's Butterbrot schmiert, moana denn Sie mit Eahnan gwarzatn Verdrußfalten-Gsicht und mit Eahnan Baumhacklteint werden Sie a Schauspielerin? A Abspülerin können S' macha in der Wärmstube, in der 15 Pfennig-Abteilung hint.

Ja, es ist unglaublich, und eingebildet ist die Person; sie bildet sich immer ein, mein Mann ist in sie ganz verrückt, so was braucht sie sich doch nicht einbilden, der freche Socka, wo es doch bittere Wahrheit ist. An ganzen Tag hats nur ihre Mannsbilder im Kopf drum ist sie auch so furchtbar zerstreut. Was tuts nicht neulings? Reibts net in unserm chinesischen Speisesalon die schöne Goldtapete mit Stahlspäne ab, daß d' Fetzen glei bis am Fußboden runter ghängt san; an Parkettboden putzts Rindvieh mit Sidol, an Kanarienvogel gibt sies Hundsfressen, auf Weihnachten hats Ostereier gfärbt, am hl. Dreikönigstag hats Kirtanudln bacha, auf Pfingsten hats auf unser schwarz poliertes Tafelklavier mit der weißen Ölfarb Kaspar, Melchior und Balthasar naufgschrieben und d' Goldfisch reibts mim Staublumpn ab.«

Mancher Mensch hat keine Ahnung,
naa heut hab i schon was g'flucht,
wenn ma so wie eine Nadel
eine neue Köchin sucht,
telephonisch, telegraphisch,
durch die Zeitung, durch die Post,
ich such eine gute Köchin,
hohen Lohn und gute Kost.

Das selberkochende Kochbuch

Da Valentin, wie erwähnt, die Existenz eines Kochbuchs im Grunde leugnete, weil ein Buch ja nicht kochen könne, so hätte er dennoch gerne ein selberkochendes Kochbuch besessen, wie mir Anneliese Kühn erzählte. »Am liebsten hätte der Opa ein Kochbuch gehabt, in dem man nur die Seite mit einem Rezept aufzuschlagen braucht und schwuppdich, schon stünde das dort genannte oder auch abgebildete Gericht völlig fertig dampfendheiß auf dem Tisch.«
Beseelt von diesem Wunsch ging Valentin einmal in eine Buchhandlung, um ein Kochbuch zu kaufen. Die Verkäuferin zeigte ihm verschiedene Kochbücher: das »Regensburger Kochbuch«, »Die Wiener Mehlspeisenküche« und zuletzt »Das Kochbuch für Drei«. »Ja, das ist das Richtige«, sagte Valentin. »Des geben S' mir, aber zwei Stück.« – »Wieso zwei Stück?«, fragte die Buchhändlerin erstaunt. »Ja wissen S'«, meinte Valentin. »Mir san halt sechs Personen.«

Karl Valentin mit seiner geliebten Enkelin Anneliese

Valentins beliebteste Minuten-Rezepte

Wenn es nötig war, konnte sich Valentin auch selbst etwas zum Essen zubereiten. »Wer behauptet, ich könne nicht kochen«, sagte er einmal, »der hat sicher noch nicht mein selbstgekochtes weiches Ei probiert.« Entscheidend für ihn war, dass die Zubereitung von Essen schnell ging. Zu seinen Favoriten, so informierte mich Anneliese Kühn, gehörten die folgenden Rezepte, die er minutenschnell auf den Tisch bringen konnte, wenn er wollte, auch wenn er das zumeist nicht wollte.

- Heiße Wiener Würstchen mit Senf
- Tomatenbrot mit Schnittlauch
- Leberkäs abgebräunt mit Spiegelei
- Butterbrot mit Salz
- Drei Stück heiße Weißwürst mit Breze
- Wurstsalat in Essig und Öl
- Radieschen-Salat

Angeblich wunderte sich Valentin, dass ein »Rezept für Menschenauflauf« in keinem Kochbuch zu finden war, denn gerade das hätte ihn besonders interessiert.

Überzeugt war er, dass nicht nur beim Kochen alles stets auf die richtige Mischung ankommt. »Mischung«, so behauptete er, oder genauer gesagt: »Mischi-Maschi, gefisele, gefusele – abschimoschi! – Das ist alttürkisch und heisst ungefähr auf Deutsch: Alles auf unserer Erde und auch ausser der Erde, die Welten und Weltenräume, die Planeten, die Sphären u. s. w. entstehen und bestehen weiter in alle Ewigkeit aus Mischung. – Und die Türken haben darin recht. – Ein Beispiel von Mischung: schwarzen Kaffee trinken ohne Milch und ohne Zucker ist nicht Jedermanns Geschmack; Milch allein trinken ist eigentlich was für kleine Kinder; Zucker allein essen ist widerlich, weil er zu süss ist. Aber: schwarzer Kaffee, Milch und Zucker zusammengemischt – gibt den herrlichen Kaffee. – Mischung!!« Oder ein anderes Beispiel: »Hopfen allein essen – äh, bitter; Malz allein essen ist etwas für die Hühner und Tauben; Wasser allein trinken – schrecklich! Aber: Hopfen, Wasser und Malz gibt das gute Bier – Mischung!!« Und so ist das auch beim Kochen: einzelne Zutaten werden erst durch Mischung zu einem köstlichen Gericht.

Davon ist übrigens auch der Sternekoch und Valentin-Fan Alfons Schuhbeck zutiefst überzeugt: »Man muss in die Speisen nur die richtigen Gewürze mischen, dann kann man viele Krankheiten vermeiden. Gewürze sind mit Abstand die besten Radikalenfänger, ich darf sie nur nicht zu stark erhitzen. Mit den richtigen Gewürzen verlässt die Nahrung den Körper um 30 Prozent schneller und sie verhindern Entzündungen im Darmtrakt. Nehmen Sie Ingwer und Knoblauch: Zusammen wird deren antioxidative Wirkung um 50 Prozent gesteigert. Oder Kardamon: Den geben die Araber immer in den Kaffee, weil er die Magensäure senkt.« Also die richtige Mischung ist alles!

Wer übrigens Valentin einmal dabei zusehen will, wie er sich ein Spiegelei brät, der braucht sich nur den Film »Kirschen in Nachbars Garten« (1935) anzusehen. In diesem Film lässt der pensionierte Hofrat Warrenheim in seinem Garten von seinem Gärtner Valentin auf einem Mistbeet kleine Pflanzen ziehen. Doch die Hühner der Nachbarin Adele Hecht, gespielt von Adele Sandrock, fressen die jungen Pflänzchen, sobald sie zu sprießen beginnen. Das schreit nach Rache. Als die siamesische Ente, Adeles ganzer Stolz, ihr seltenes Ei in den Garten des Hofrats legt, schlägt es Valentin mit unverhohlener Freude in die Pfanne und tischt es dem Herrn Hofrat auf, der es genüsslich verzehrt. Die Folge ist, dass Adele vor Gericht zieht.

Wie aber hätte für Valentin ein »Festmenü« ausgesehen? Wäre es ein mehrgängiges Menü geworden, das zwischen vier und zwanzig Gänge haben kann? Während ein dreigängiges Menü aus Vorspeise, Hauptgericht und Nachspeise besteht, kommt zu einem viergängigen Menü nach der Vorspeise noch eine Suppe hinzu. Ein fünfgängiges Menü besteht aus Suppe, Vorspeise, Salat, Hauptgericht und Dessert und ein sechsgängiges Menü beginnt mit einem »Amuse-Bouche«, das heißt einem Appetithäppchen oder auch »dem Gruß aus der Küche«. Zu einem siebengängigen Menü gehört am Ende dann eine kleine Leckerei zu Kaffee oder Tee.

»Mehr als ein viergängiges Menü wäre für meinen Opa sicher nicht in Frage gekommen«, dessen war sich seine Enkelin Anneliese sicher. »Das hätte er schon deshalb gemacht, weil für jeden Gang ein eigener Teller oder eine eigene Schale und Besteck erforderlich ist.«

Ein Drei-Gänge-Menü hätte Valentin aber vollkommen ausgereicht und das hätte vielleicht so ausgesehen.

DAS »KARL VALENTIN-FESTBANKETT« ZU VALENTINS 125. GEBURTSTAG 2007

Zu Valentins 125. Geburtstag am 4. Juni 2007 besprachen die Präsidenten des Münchner Künstlerhauses, Maja und Peter Grassinger, gemeinsam mit mir zu Ehren Valentins zwei Veranstaltungen zu organisieren, die im September stattfinden sollten.

Zum einen sollte am Freitag, den 28. September 2007, die Ausstellung »Karl Valentin, der Gezeichnete« eröffnet werden, in der

Ein Hoch auf Valentin zu seinem 125. Geburtstag!

bekannte Karikaturisten dem großen Tragikomiker mit Zeichnungen ihre Referenz erweisen wollten. An der Ausstellung beteiligten sich Klaus Eberlein, Franz Eder, Michael Haussmann, Wolfgang Horsch, Klaus Puth, Ekkehard Wiegand und Egbert Greven.

Diese Ausstellung wurde am 14. Mai 2007 schon in Egbert Grevens Iffeldorfer Galerie »schön+bissig« gezeigt, bei der ich die Eröffnungsrede halten durfte.

Begleitend zur Ausstellungseröffnung am 28. September in der Clubetage des Münchner Künstlerhauses im dritten Stock sollte nun im Großen Festsaal ein »Karl Valentin-Festbankett« mit einem Drei-Gänge-Menü unter dem Titel »Semmelknödeln an Hasenbraten« veranstaltet werden. Das Ehepaar Grassinger lud dazu den bekannten Schauspieler Gerd Lohmeyer, das »ValentinKarlstadt-Theater« mit Bele Turba und Gerald Karrer, das »Gredbänk-Gsangl« mit Angelika Rinkl und Carmen Pirkl aus Neukirchen, außerdem die legendäre Dixieland-Jazzband »Hot Dogs« und mich ein, das Programm des dreistündigen Abends zu gestalten, das folgendermaßen ablief:

Peter Grassinger eröffnete den Abend mit einer Führung durch die Ausstellung »Karl Valentin, der Gezeichnete«. Dann begaben sich die Festgäste in den Großen Saal des Künstlerhauses, wo das »Karl Valentin-Festbankett« mit dem Drei-Gänge-Menü seinen Anfang nahm und von den »Hot Dogs« – damals hie-

Außer Trompete beherrschte Valentin ein Dutzend weiterer Instrumente.

ßen sie bereits »Munich Hot Four« – mit dem berühmten Lied Valentins »Ja so warns die oidn Rittersleit« eingeleitet wurde. Nach der Begrüßung der Gäste durch Maja Grassinger trugen das »Gredbänk-Gsangl«, passend zum Festbankett, die Valentin-Moritat »Der Mord in der Eisdiele« vor. Davon später mehr.

Danach trug ich einleitend zum ersten Gang Valentins »Rezept zum russischen Salat« vor und erzählte Valentins Erlebnis »Erbsensuppe mit Speck«. Es folgte ein sogenannter Running Gag – also ein Spaß, der sich in der Folge immer wiederholt – mit dem Schauspieler Gerd Lohmeyer, der einen Valentin-Kurzfilm zum Laufen zu bringen suchte, was ihm aber nicht gelang.

1. Gang: Russischer Salat
oder alternativ: Erbsensuppe mit Speck oder Rollgerstensuppe
Getränke: Affenthaler Spätlese / Bier – mit musikalischer Begleitung durch die »Hot Dogs«

Nun berichtete ich, was sich in Valentins Stücken »Hasenbraten« und »Semmelnknödeln« ereignete, worauf das »Gredbänk Gsangl« Valentins »Moritat im Großstadtdunkel« zum Vortrag brachte. Der Schauspieler Gerd Lohmeyer versuchte danach erneut, und wiederum vergeblich, den Valentin-Kurzfilm zum Laufen zu bringen. Die Gäste waren froh, als der Hauptgang aufgetragen wurde.

2. Gang: Hauptgericht: Hasenbraten an Semmelnknödeln, dazu Bier,
oder alternativ: Makkaroni mit Schinken, dazu Affenthaler Spätlese
Musikalische Begleitung durch die »Hot Dogs«

Nachdem alle brav aufgegessen hatten, brachte das »Valentin-Karlstadt-Theater« mit Bele Turba und Gerald Karrer den Valentin-Klassiker »Der Theaterbesuch« zur Aufführung. Anschließend erzählte ich von Valentins wirklich wahrer Lieblingsspeise, außerdem welche Bedeutung »Die Girafftorte« – auch davon später mehr – in seinem und Liesl Karlstadts Leben hatte. Es folgte das »Gredbänk Gsangl« mit der Valentin-Moritat »Das Volksauto«. Gerd Lohmeyer versuchte dann zum dritten Mal, den Valentin-Kurzfilm zum Laufen zu bringen, was abermals misslang. Es folgte nun der:

3. Gang: Dessert: Apfelstrudel mit einem Haferl Kaffee oder alternativ: ein Stück Girafftorte mit einem Haferl Kaffee
mit musikalischer Begleitung durch die »Hot Dogs«

Abschließend gelang es Maja Grassinger, assistiert von Gerd Lohmeyer, Valentins allerersten Kurzfilm »Der Kuss« endlich zum Laufen zu bringen. Auf diesem 18 Meter langen Fragment (aus dem Besitz des Münchner Filmmuseums) gibt Valentin in Frack und Zylinder einer auf einem Stuhl sitzenden Dame (Liesl Karlstadt) einen herzhaften Kuss auf den Mund. Dieses filmische Fragment entstand 1913 in einem ehemaligen Käselager (!!!), das er gemietet hatte, um dort, als sein eigener Produzent, Filme zu drehen, was er aber wegen technischer Schwierigkeiten nach kurzer Zeit wieder aufgeben musste.

Mit Schlussworten der Gastgeberin und einigen Versen der »alten Rittersleut«, gesungen von den »Munich Hot Four«, endete das erste und bislang einzige dreistündige »Karl Valentin-Festbankett«.

DAS »VALENTIN-
DREI-GÄNGE-MENÜ«

Damit Sie, liebe Leser, dieses »Große Karl Valentin-Festmenü« nacherleben können, sind im Folgenden alle für die Gestaltung des Festbanketts wichtigen Rezepte, Hinweise und Texte aufgeführt. Guten Appetit!

Vorspeise

»Russischer Salat«

Dazu verfasste Valentin das folgende »Rezept zum russischen Salat«, das er zur Melodie »Jahrmarktsrummel« von Paul Linke sogar gesungen hat:

I.
Drei Pfund Rindfleisch hackt man klein,
Tut das in an' Hafen h'nein;
Etwas Pfeffer, etwas Salz,
Dazu einen Löffel Schmalz,
Drei Zitronen ohne Kern' –
Den Geschmack, den hat man gern –
Kalte Soß vom Rehragout
Schüttet man dem Ganzen zu.
Auch Leberkäs' und Honig,
Sardinen und Spinat,
Gefärbte Eierschalen
Mit Mandelschokolad'.
Auch Paprika und Erdbeer',

Zwei Liter Lebertran,
Drei Pfund gesott'ne Erbsen,
Vermischt mit Marzipan.
Schweizerpill'n und Sauerkraut,
Zungenwurscht mitsamt der Haut,
Naphthalin und Wagenschmier,
Feingeschnitt'nes Glaspapier,
Ananas und Karfiol,
Bismarckhering und Odol,
Essiggurken, Fliegenleim –
Das kommt alles mit hinein.
Und dazu noch Blutorangen und Zibeb'n
Müssn obendrein noch das Aroma heb'n;
Makkaroni, g'schnitt'ne Nudeln, kalt'n Braten,
Lineburger, Kokosnüss und Schwartenmagn.

II.
Ist nun alles das dabei,
Fehlt es noch an mancherlei;
Lorbeerblätter und Zwieback,
Die erhöhen den Geschmack,
Kletzenbrot und Glyzerin,
Zwetschgenmus und Terpentin,
Kandiszucker und Forell'n
Dürfen auch dabei nicht fehl'n.
Auch Malzkaffee und Rollmops,
Zichorri und Zement,
A Messerspitz' voll Streusand
Gewiß nicht schaden könnt'.
Bananen, Aprikosen
Nebst Himbeerlimonad',
Dazu 'nen kleinen Löffel
Voll Messerputzpomad.
Schnupftabak und Stachelbeer',
Gelbe Rüben, Kirschlikör,

Eierkognak, Nelken, Zimt
Man auch zu der Sache nimmt,
Kaviar und Zervelat,
Birn- und Pflaumenmarmelad',
Noch dazu zwei Flaschen Sekt,
Das erfordert das Rezept.
Heu und Stroh, auch Haferlehm und Bügelkohl'n,
Und a paar ganz feingeschnittne Hausschuhsohl'n,
Harte Semmelbrocken eingeweicht in Teer;
Das ist noch nicht alles, 's kommt schon noch viel mehr.

III.
Hetschebetsch und Parmesan,
Bauerng'selcht's und sauren Rahm,
G'sundheitskuchen, Petersil,
'nen zerhackten Besenstil,
Zwiebelzelt'ln, Kreosot,
Zigarrenstumpen und Kompott,
Ziegelsteine pulv'risiert
Werden mit hineingerührt.
Rebhühner und Fasanen,
Auch Fensterkitt und Gips,
Zwei ganze Faschingskrapfen,
Garniert mit Stiefelwichs,
Leoniwurst und Bleiweiß,
Parkettbod'nwachs und Reis,
Ölfarb und Anquilotti,
Zwei junge weiße Mäus'.
Sauerkraut und Sellerie,
Rettich und Fromage de Brie,
Knoblauch, Spargel und Stearin,
Weichselsaft und Zacherlin,
Kaisertinte, Schusterpapp,
Apfelmus und Salmiak,
Auch Briketts und Anthrazit,

Platzpatronen, Dynamit.
Ist dann alles drin, was ich soeb'n diktiert,
Wird das Ganze mit dem Löffel umgerührt,
Glauben Sie sicher, es schmeckt wirklich delikat;
Sehn Sie, so entsteht der russische Salat.

Rezept zum »Russischen Salat«
Der beim Valentin-Menü kredenzte »Russische Salat« hatte zwar diesen Namen, war aber in Wahrheit ein leckerer »Mango-Avocado-Salat mit Hühnerstreifen, Rucola und Tomaten«.

Zutaten
1 Mango und 2 Avocados, 250 g Cocktailtomaten, 200 g Rucola, 1 El Zitronensaft, 2 El Öl, 350 g Hühnerbrust ohne Haut und Knochen, etwas Salz und Pfeffer.
Für das Dressing benötigt man 2 El Zitronensaft, 2 El Orangensaft, 4 El Olivenöl, 1 El Senf, etwas Salz und Pfeffer.
Diese Mengen sind für vier Personen gedacht und müssen je nach Anzahl der Gäste entsprechend hochgerechnet werden.

Zubereitung
Die Mango wird geschält, das Fruchtfleisch in dünnen Scheiben vom Kern gelöst und dann würfelig geschnitten. Die Avocados werden halbiert, der Kern herausgelöst, das Fruchtfleisch mit einem Esslöffel aus der Schale gekratzt und in kleine Stücke geschnitten. Die Stücke werden mit Zitronensaft beträufelt, damit sie sich nicht verfärben.
Die Hühnerbrust wird in Streifen geschnitten, mit Salz und Pfeffer gewürzt, im Öl kurz angebraten und dann beiseitegestellt. Nun den Rucola und die Tomaten waschen und die Tomaten halbieren oder vierteln. Dann werden Tomaten, Rucola, Mango, Avocado und Hühner-

brust miteinander behutsam in einer Schüssel gemischt. Vor dem Servieren wird das Dressing mit allen Zutaten über den Salat gegossen.

Suppen

Erbsensuppe mit Speck

Sie spielt die Hauptrolle in Valentins 1914 gedrehtem Film »Erbsensuppe mit Speck«, der auch unter dem Titel »Ein Teller Erbsensuppe« bekannt ist. Dieser Film zählt zu Valentins ersten Filmen. Leider gilt der Film als verschollen, aber Karl Valentin berichtet darüber in seinen Jugenderinnerungen Folgendes:

»Ich habe Münchens erstes Freilichttheater auf einer grünen Wiese gegenüber dem Ostfriedhof aufgebaut. Dann haben wir im Ersten Weltkrieg, mit Peter Ostermeier, einen Streifen ›Erbsen mit Speck‹ gedreht, der mir in besonders fürchterlicher Erinnerung geblieben ist, denn seitdem kann ich auch dieses Gericht nicht mehr riechen.

Ich hatte einen neuen Lehrer in einer Dorfschule zu spielen und wurde in dieser Eigenschaft von den Bauern reihum eingeladen. Sie hatten sich irgendwie in die Vorstellung verrannt, dass mein Leibgericht Erbsen mit Speck sein sollte. Das gab es nun jeden Tag eine ganze Woche lang für mich. Auch in der Zeit des Ersten Weltkrieges war es gar nicht so einfach, ein ordentliches Bauerngeräuchertes herbeizuschaffen. Aber schon am dritten Tage, als ich das Gericht wieder aufgewärmt vorgesetzt bekam, konnte ich kaum mehr einen Löffel davon hinunterwürgen. Diese Quälerei hat eine volle Woche gedauert. Aber wie gesagt, dieses Leibgericht kann mir seitdem gestohlen werden.«

Soweit Valentins Bericht. Aber zumindest beim ersten Mal scheint die »Erbsensuppe mit Speck« Valentin durchaus geschmeckt zu haben, Grund genug, auch hier das Rezept zu verraten.

> **Rezept zur »Erbsensuppe mit Speck«**
>
> **Zutaten für 6 Portionen**
> 300 g Gemüsezwiebeln, 300 g grüne Schälerbsen, 60 g Butter, 1,5 l Geflügelbrühe, 1 Lorbeerblatt, 300 g durchwachsener Speck im Stück, Salz, Pfeffer, 200 g TK-Erbsen, 2 El Essig, 1 Bund Petersilie, 4 El Röstzwiebeln
>
> **Zubereitung**
> Die fein gewürfelten Zwiebeln und Schälerbsen werden in der Butter angedünstet und dann mit Geflügelbrühe aufgefüllt. Dann gibt man Lorbeer und den Speck dazu und lässt alles zugedeckt bei mittlerer Hitze 40 Minuten lang kochen, wobei man den entstehenden Schaum abschöpft. Anschließend werden die TK-Erbsen hinzugegeben und alles nochmals 5 Minuten lang gekocht. Nun wird die Suppe mit wenig Salz, Pfeffer und Essig gewürzt. Der Speck wird herausgenommen und in Scheiben geschnitten und zusammen mit fein gehackten Petersilienblättern unter die Suppe gerührt, die dann noch mit Röstzwiebeln bestreut wird.

Rollgerstensuppe

In seinem Panoptikum, dem ersten »Valentin-Musäum«, stellte Valentin die Büste von »Herrn Rembremerdeng aus, dem Erfinder der Rollgerstensuppe«.

H. Rembremerdeng, Erfinder der Rollgerstensuppe

Diese Suppe gab es gelegentlich auch im Hause Valentin, wie die Urenkelin Anneliese Kühn berichtete. Sie konnte in nur 20 Minuten gekocht werden. Die Gerstenkörner, die sich übrigens auch für die Zubereitung von Brot eignen, mussten aber zuvor etwa vier Stunden eingeweicht werden.

Rezept für die Rollgerstensuppe

Zutaten für 4 Personen
800 g Rindfleisch (Brustkern oder Tafelspitz), 1 Stange Lauch, 1 Stück Knollensellerie, 3 Karotten, 1 Bund Petersilie, 250 g Rollgerste, auch Graupen genannt, Salz, 2 Eier, 1 Becher Sahne, ½ Zitrone, etwas Petersilie fein gehackt, ¼ Knolle Sellerie, sehr fein gewürfelt, weitere 3 Karotten sehr fein gewürfelt, Maggi

Zubereitung
Das Fleisch wird mit ein wenig kaltem Wasser und dem geputzten, geschälten und in größere Stücke geschnittenen Gemüse weich gekocht, was je nach Garmethode 1 bis 2 Stunden dauern kann. In einem Schnellkochtopf ist das Fleisch in ca. 40 Minuten weich, im normalen Topf benötigt es fast 2 Stunden. Die Rollgerste oder Graupen werden in einem eigenen Topf in Salzwasser gekocht. Dann wird das Wasser abgegossen und die Graupen kurz abgebraust, damit die Suppe nicht »schleimig« wird.
Das gekochte Fleisch wird aus der Suppe genommen und in sehr kleine Würfel geschnitten. Dazu kann man auch noch ein wenig frischen Sellerie und zwei bis drei Karotten in kleine Würfel schneiden, was in der Suppe recht appetitlich aussieht. Nun wird das gekochte Gemüse entsorgt. Die Rollgerste wird jetzt in die Suppe gegeben und zusammen mit dem Fleisch und dem frischen Gemüse etwa 5 Minuten gekocht. Die Suppe darf ruhig dickflüssig

sein. Abschließend werden Eier und Sahne miteinander verrührt und in die heiße, aber nicht mehr kochende Suppe gegeben, die mit Salz und Zitronensaft abgeschmeckt und mit der gehackten Petersilie bestreut wird. Valentin würzte die Suppe natürlich immer noch mit seinem geliebten Maggi.

Hauptgericht

Hasenbraten an Semmelnködeln und Blaukraut

Auch für den Hauptgang gibt Valentin mit zwei Dialogen die Anregung.

Im ersten Dialog mit dem Titel »Der Hasenbraten« will die Karlstadt Valentin mit einem köstlichen Hasenbraten überraschen. Während er, also der Hasenbraten, bereits im Ofen schmort, trägt sie die Suppe auf und damit nimmt das Verhängnis schon seinen Lauf.

Die Suppe ist Valentin nämlich zu heiß, was die beiden in einen heißen Streit geraten lässt.

> **Karlstadt**: Eine kochende Suppe muss heiß sein.
> **Valentin**: Aber nicht zu heiß!
> **Karlstadt**: Dann warte, bis sie kalt ist!
> **Valentin**: Aber eine kalte Suppe mag ich auch nicht. Sie soll eben nicht zu heiß und nicht zu kalt sein.
> **Karlstadt**: Ja, soll ich vielleicht einen Thermometer in den Suppentopf reinhalten?
> **Valentin**: Nein! Eine gute Köchin braucht keinen Thermometer zum Suppenkochen.

Und so nörgelt nun Valentin unentwegt weiter, während die Karlstadt immer genervter reagiert. Plötzlich nehmen beide nacheinander einen brandelnden Geruch wahr. Das Ergebnis: Der Has ist angebrannt und nur noch ein schwarzer Klumpen.

Valentin: So, Mahlzeit! (spöttisch) und drinnen waltet die tüchtige Hausfrau.
Karlstadt: Ich lauf noch auf und davon!
Valentin: Auf brauchst gar nicht laufen, nur davon! – Genügt mir vollständig.
Karlstadt: Der arme Has. Er ist jetzt im glühenden Ofenrohr jämmerlich verbrannt … Essen kannstn jetzt nimmer.
Valentin: Das glaub ich. Aber dem Tierschutzverein werd ichs melden!

Ja, und zum Hasenbraten gibt es natürlich die Valentinischen Semmelknödeln, die jeder aus seinem Sketch »Semmelknödeln« kennt. Es geht darum, dass die Karlstadt Valentin verkündet, dass sie Semmelknödel gekocht hat.
»…deln«, widerspricht Valentin.
»Was … deln«, will die Karlstadt wissen. Und nun beginnt eine langwierige Auseinandersetzung zwischen den beiden, ob es Semmelknödel heißt oder Semmelknödeln, weil doch diese Knödeln aus mehreren Semmeln gemacht sind und nicht nur aus einer Semmel. Und weil man nicht nur einen Knödel aus den Semmeln macht, sondern mehrere, deshalb muss es auch nicht Knödel, sondern Knödeln heißen. Das Wichtigste ist also das **n** zwischen Semmel und Knödel und auch das **n** nach Knödel. Auch bei Knödel, die aus Kartoffel gemacht werden, muss es Kartoffelnknödeln heißen und ebenso bei den Schinkenknödeln. Nur beim Leberknödel heißt es nicht Lebernknödeln, sondern Leberknödeln.

Rezept »Semmelnknödeln an Hasenbraten und Blaukraut«

Auch wenn beim Hauptgericht Valentin zu Ehren die Rede von einem »Hasenbraten« ist, sind Hasenkeulen empfehlenswert.

Zutaten für vier Personen
4 Hasenkeulen (à ca. 200g), 2 Zwiebeln, 1 Bund Suppengemüse, 3 Knoblauchzehen, Salz, Pfeffer, 2 Lorbeerblätter, ½ Zitrone, 2 Zweige Thymian, 6 Salbeiblätter, 50 g Räucherspeck, 2 El Olivenöl, 400 ml Rotwein und 250 ml Wildfond.

Für die Semmelnknödeln:
10 alte Brötchen, 375 ml Milch, 100 g Speck durchwachsen, 1 Zwiebel, 4 Eier, 25 g Butter, 4 El Petersilie, Salz, Pfeffer und Muskat.

Für das Blaukraut:
800 g Blaukraut, 70 g Zucker, 50 g Zwiebelwürfel, 150 ml Orangensaft, 1 Zitrone, 150 ml Rotwein, 500 ml Suppe / Brühe oder Wasser, Salz, Pfeffer, 1 Prise Zimt, 3 cl Balsamicoessig und 20 g Weizenstärke zum Eindicken.

Und nun kommen wir schon zur Zubereitung der Hasenkeulen, der Semmelnknödeln und des Blaukrauts.

Zubereitung

Hasenkeulen:
Als erstes werden die Hasenkeulen gewaschen und in eine flache Schüssel gelegt. Dann schält man die Zwiebeln und den Knoblauch und schneidet beides in Scheiben. Nun wird das Suppengemüse geputzt, in Würfel geschnitten

und alles mit Lorbeer, Thymian und Zitronenscheiben auf dem Fleisch verteilt. Alles wird dann mit Rotwein übergossen, bis das Fleisch völlig bedeckt ist. Das Ganze wird dann mit einer Klarsichtfolie abgedeckt. 12 Stunden lässt man es im Kühlschrank marinieren, bevor man dann die Keulen aus der Marinade nimmt und trocken tupft. In einer Pfanne mit hohem Rand wird jetzt Öl erhitzt. Das Fleisch und die Speckschwarten werden darin schön goldbraun angebraten, worauf man sie aus der Pfanne nimmt und erst mal zur Seite stellt. Die Marinade wird nun durch ein Sieb gegossen. Darauf werden Gemüse und Gewürze in der Bratpfanne angebraten und mit etwas Rotwein abgelöscht. Nun werden die Hasenkeulen wieder dazugegeben und halb bedeckt mit Marinade und Wildfond begossen, worauf sie dann im vorgeheizten Ofen, bei 180°C ein bis eineinhalb Stunden weich geschmort werden. Da die Flüssigkeit verdampft, sollte sie zwischendurch unbedingt mit Fond oder Marinade aufgefüllt werden. Nach dem Schmoren wird nun das Fleisch aus der Soße genommen, dann der Soßenfond durch ein Sieb passiert, abgeschmeckt und dann aufgekocht. Nun legt man das Fleisch in die Soße und lässt es 15–20 Minuten sachte ziehen.

Semmelnknödeln:
Als erstes schneidet man die Semmeln in sehr dünne Scheiben und vermischt sie anschließend in einer Schüssel mit Salz, Pfeffer und Muskat. Jetzt wird die Milch erwärmt und darüber gegossen. Die Schüssel wird mit einem großen Teller bedeckt. Den Inhalt lässt man mindestens 30 Minuten ziehen. Inzwischen kann man die Speckwürfel in einer kleinen Pfanne auslassen und die Zwiebelwürfel darin glasig dünsten. Die Speckwürfel werden, nachdem sie etwas abgekühlt sind, mit den Eiern unter den Teig gemischt. Ebenso wird der in einem Topf

geschmolzene Butter zusammen mit Petersilie unter den Teig geknetet. Dann die Hände anfeuchten und aus dem Teig nicht allzu große Knödel formen. Jetzt bringt man in einem großen Topf Salzwasser zum Kochen, bevor man die Knödel in dem leise simmernden Wasser etwa 20 Minuten ziehen lässt.

Blaukraut:
Das Blaukraut wird fein geschnitten. Dann in einem Topf Zucker karamellisieren, anschließend Zwiebeln sowie das Blaukraut dazugeben und mit Orangensaft sowie Rotwein aufgießen. Alles lässt man nun einkochen, bevor man es mit Suppe aufgießt. Gewürzt wird das Ganze mit Salz, Pfeffer, Zimt, Zitronensaft und Balsamicoessig. Jetzt lässt man das Rotkraut 50–70 Minuten weich dünsten, wobei man es immer wieder umrührt und bei Bedarf noch etwas Suppe zugießen kann. In der Zwischenzeit ein wenig Wasser oder Suppe mit Stärke verrühren und eindicken, kurz bevor die Garzeit zu Ende ist. Einen appetitlichen Glanz erhält das Blaukraut übrigens durch die Weizenstärke. Wenn alles nochmals gut durchgekocht ist, kann man die Beilage servieren.

Makkaroni mit Schinken

Statt »Semmelnködeln an Hasenbraten« wäre eventuell auch »Makkaroni mit Schinken« möglich. Die hat sich nämlich der Firmling Pepperl so sehr gewünscht und den Vater solange darum angebettelt, bis der zum Kellner sagt: »Na bringst oa.« Doch diese Bestellung mündet sofort wieder in Komplikationen. Der Kellner weiß »bringst oa« nicht zu deuten und fragt daher nach:

Kellner: Bitte sehr – also zweimal Makkaroni mit Schinken?
Vater: Nein, einmal.
Kellner: So, also nur einmal.
Pepperl: Ja, für an jeden – eine.
Kellner: Also, dann doch zwei Portionen?
Vater: Nein, eine – aber für zwei.
Kellner (genervt): Ja, wollen Sie jetzt eine oder zwei?
Pepperl: Nein, ich möcht nur eine.
Kellner: Ja, dann wollen sie also doch zwei?
Vater: Nein, eine für uns zwei.
Kellner: Sie meinen eine Doppelportion?
Vater: Ja, eine einfache Doppelportion.
Kellner (fährt aus der Haut): Zum Donnerwetter, soll ich jetzt eine oder zwei Portionen bringen?
Vater (drohend): Jetzt bringst oane und schwingst dich, sonst kann sein …
Kellner (geht schimpfend ab): Ich bring Ihnen jetzt eine Portion – das ist eine nette Bagage, die wissen nicht, was sie wollen, die sollen doch wo anders hingehen, in eine Bauernwirtschaft, das ist ja furchtbar.
Vater (nachrufend): Nur net nachbrummeln da hinten. Tua fei ja net launenhaft sei, sonst hol ich dich raus aus deim Cheviot [deiner Jacke].

Es dauert eine Weile, bis Pepperl endlich seine Makkaroni mit Schinken bekommt und damit neue Komplikationen drohen.

Rezept für »Makkaroni mit Schinken«

Zutaten für 4 Portionen
250 g Makkaroni-Nudeln, 200 g Schinken, 60 g geriebener Käse, 250 g Milch, Salz, Pfeffer, Muskat, 2 El Semmelbrösel, Butter in Flöckchen

Zubereitung
Die Makkaroni-Nudeln werden in fingerlange Stücke gebrochen und »al dente« – also »bissfest« – gekocht. Der Schinken wird in kleine Würfel geschnitten. Dann werden die Makkaroni, der Schinken und der geriebene Käse lagenweise abwechselnd in eine gefettete Auflaufform gefüllt, wobei die oberste Schicht aus Makkaroni besteht. Nun werden die Eier mit der Milch verschlagen, mit Salz, Pfeffer und Muskat abgeschmeckt und über die Makkaroni gegossen. Das Ganze wird dann mit den Semmelbröseln bestreut. Dazu kann man aber auch Käse nehmen. Abschließend werden Butter in Flöckchen daraufgesetzt. All das dauert etwa 20 Minuten. Im vorgeheizten Backofen werden die so vorbereiteten »Makkaroni mit Schinken« bei 200°C etwa 40 Minuten gebacken.

Getränke

Bayerisches Bier

Zu den Getränken, die Valentin schätzte, gehörte Bayerisches Bier, nach dem Motto: »Bier kalt stellen ist auch eine Art von Kochen.« Bier trank er regel-, aber nicht übermäßig. Sein guter Bekannter Wilhelm Hausenstein erzählte, dass Valentin in der Wirtschaft plötzlich »Mogarabiranodakare« hervorstieß, »womit die Frage gestellt sein wollte: ›Mag er ein Bier auch noch, der Karl?‹ Der Karl erwiderte sich selbst: ›er mog‹ – und ließ sich von der Kellnerin noch eine Halbe bringen«. Was er gerne einmal getrunken hätte, wäre »Schäksbier« gewesen. »Aber des Bier soll es nur in England geben und da komm ich ja nie hin.«

Wie seine Tochter Bertl mitteilte, trank Papa »zum Mittagessen höchstens zwei Halbe dunkles Löwenbräubier«. Betrunkene waren ihm zuwider. »Ein Betrunkener«, sagte er einmal, »ist was ekliges, aber das widerlichste ist, wenn sich ein Nüchterner einen Rausch ansauft.« Den Genuss von Bier, das für ihn eigentlich kein alkoholisches Getränk, sondern nur »flüssiges Brot« war, mochte er nicht missen. Einmal nahm er Messer und Gabel und stocherte damit im Bier herum. »Wenn des Bier ein flüssiges Brot ist, dann muß man es doch auch schneiden und aufgabeln können«, meinte er.

Ein leerer Bierkrug regte ihn mitunter zu philosophischen Gedanken über das NICHTS an, was er etwa in folgende Verse goss:

Es gibt keinen »leeren« Raum, so spricht
ein weiser Gelehrter, doch glaub ich's ihm nicht.
Es gibt einen leeren Raum – 's ist kein Trug,
der Beweis dafür ist mir der »leere« Krug.

Bier empfahl er übrigens auch anderen Menschen, so etwa der Schauspielerin Adele Sandrock, mit der er ständig im Streit lag. Einmal wartete die Sandrock während der Dreharbeiten zum Film »Kirschen in Nachbars Garten« auf ihn, aber Valentin erschien nicht, weil er angeblich Kopfweh hatte. Das aber glaubte die Sandrock nicht. Sie sah deshalb in Valentins Garderobe nach, wo es sich Valentin bei einer Maß Bier gemütlich gemacht hatte. »Unverschämtheit«, schrie die Sandrock. »Sie wollen Migräne haben! Lassen mich stundenlang im Atelier warten – liegen selbst faul auf dem Sofa und saufen!« Valentin sagte, gütig lächelnd: »Sie, des da« – er nahm einen großen Schluck – »trinkt ma bei uns in Bayern, wenn ma sich g'ärgert hat. Und wenn ma sich net g'ärgert hat, trinkt mas aa! I rat Eahna, trinken S' aa moi a Maß! Na braucha Sie sich net zum ärgern.« Die Sandrock war sprachlos, knallte die Türe zu und war verschwunden.

Affenthaler Spätlese

In Valentins berühmtem Stück »Der Firmling« kommt der Vater mit dem Pepperl in ein feines Weinrestaurant. Sie pfeifen nach der Kellnerin, doch es erscheint ein Kellner, der sich nach ihren Wünschen erkundigt. Der Vater bestellt zwei Halbe Bier.

> **Kellner**: Bedaure, Bier wird bei uns nicht verschenkt.
> **Vater**: Mir wolln 's ja net gschenkt, mir zahln 's ja.
> **Kellner**: Ich meine, wir führen kein Bier, hier gibt's nur Wein – wir haben Weinzwang.
> **Vater**: Na bringst halt zwei Halbe Weinzwang.

Der Kellner schüttelt den Kopf und bringt die Wein- und Speisekarte. Der Vater und Pepperl überlegen, was sie bestellen sollen. Pepperl wünscht sich einen Emmentaler. Aber der Ober erklärt, dass es in diesem Restaurant keinen Emmentaler, sondern nur einen Affenthaler gäbe.

> **Vater**: Dann bringst am Pepperl halt a Stück Affenthaler und Pfeffer und Salz.
> **Kellner**: Sie meinen eine Flasche Affenthaler?
> **Pepperl**: Nein, ein Stück Affenthaler!
> **Kellner**: Es gibt doch nur eine Flasche Affenthaler.
> **Vater**: Wieso a Flaschn? Ja, habts denn ihr an Kaas in der Flaschn drin?
> **Kellner**: Affenthaler ist immer in der Flasche.
> **Vater**: Seit wann denn?
> **Kellner**: Seit es einen Affenthaler gibt.
> **Vater**: Ja, wie bringen wir denn den raus? Wir können doch net an Käs mitn Stopselzieher rausziehen!
> **Kellner** (genervt): Also wollen sie dann einen Affenthaler trinken?
> **Vater**: Wieso trinken? So weich is der?

Letztlich bestellt der Vater dann ratlos doch den Affenthaler und für sich Schnaps, aber kein Gläschen, sondern ein ganze Flasche.

Der Ober serviert Valentin ein Glas Affenthaler.

Lieber Likör als einen Schnaps

»An klare Schnäpse wagte sich Valentin wegen seines Asthmas nicht heran«, erzählte seine Tochter Bertl. »War aber zufällig ein Flascherl Likör im Haus, so kippte er ein oder zwei Gläschen. Und zur Grippezeit hatte er immer ein Reisefläschchen mit Kognak in seiner Tasche, und wenn er ›Bazillen‹ witterte, nahm er schnell einen Schluck.« Über den Alkohol äußerte er einmal: »Der Alkohol – lateinisch Alko, das Gift, hol, der menschliche

Schädel – ist eine flüssige Substanz, welche in großen Mengen eingenommen, das Hirn des Menschen zu einer verwirrten Masse umwandelt. Durch meine epochemachende Erfindung des ›KjS‹ (Katzenjammer-Impf-Serum) ist von nun an der übermäßige Alkoholgenuss nicht mehr schädlich, denn der größte Kanonenrausch kann durch eine einzige Injektion (Einspritzung in die Kopfhaut) behoben werden. Sie sehen z. B. gegenwärtig an mir einen ganz normal nüchternen Menschen. Beim Austrinken eines Glases reinen Brunnenwassers werden Sie an mir keinerlei Veränderungen wahrnehmen. Auch nicht beim 2., 3., 4., 5., 6., 7., 8., 9., 10. und 11. Glas, nicht einmal bei hektoliterweiser Einfüllung in den Magen.«

Nachspeise

Als Nachspeise hätte Valentin auf alle Fälle entweder Apfelstrudel mit einem Haferl Kaffee bestellt oder aber auch ein Stück »Girafftorte«, zu der natürlich ebenfalls ein Haferl Kaffee mundete.

Apfelstrudel mit einem Haferl Kaffee

Das war nachweislich Valentins Lieblingsnachspeise, wie Valentins Enkelin Anneliese Kühn bestätigt. »Mei Alte«, so erinnerte sich Valentin, »hat kürzlich Apfelstrudel gemacht, da is ihr der Teig zerrissen, dann hat sie den Teig mit der Nähmaschine wieder zusammennähen wollen.« Gelungen ist ihr das aber vermutlich nicht.

Besonders gerne roch Valentin auch den Duft von gutem Bohnenkaffee. Als er einmal bei dem Schriftsteller Ernst Hoferichter eingeladen war und bereits an der Haustür den Duft des Bohnenkaffees erschnüffeln konnte, verdrehte er die Augen und säuselte: »Hören Sie, wie es riecht! Das ist ja ein ohrenbetäubender Duft!« Als Liesl Karlstadt Valentin einmal gestand: »Also, wenn ich an Kaffee trink, dann kann ich net schlafn«, meinte Valentin: »Also bei mir is grad umkehrt. Wenn ich schlaf, kann ich koan Kaffee trinkn.«

Rezept für den »Apfelstrudel«

Zutaten für 10 etwa 5 cm breite Strudel-Scheiben
Für den Teig:
200 g Mehl, 1 Ei, 1 El Öl, 1 Prise Zucker, 1 Prise Salz, Öl zum Bestreichen, Mehl für das Küchentuch

Für die Füllung:
150 g Butter, 80 g Semmelbrösel, 1,5 kg säuerliche Äpfel, (z. B. Boskoop oder Cox Orange), 100 g Zucker, 1 Tl gemahlener Zimt, 1 Päckchen Rumrosinen, (125 g), 50 g Puderzucker zum Bestäuben

Zubereitung
Für den Teig benötigt man Mehl, Ei, Öl, Zucker, Salz und 4 bis 5 Esslöffel warmes Wasser. Alles wird zuerst mit den Knethaken des Handrührers, dann mit den Händen zu einem glatten Teig verknetet. Anschließend wird der Teig mit etwas Öl bestrichen, abgedeckt und bei Zimmertemperatur etwa 30 Minuten lang in Ruhe gelassen. Danach bestreut man ein großes Küchentuch mit Mehl und rollt darauf den Teig dünn aus. Nun wird der Teig über den Handrücken auseinandergezogen, bis er so dünn ist, dass der Handrücken durchscheint.
Für die Füllung erhitzt man 40 Gramm Butter und rös-

tet darin die Semmelbrösel goldbraun an. Die restliche Butter wird geschmolzen und etwas davon auf den Teig gestrichen. Nun werden die Semmelbrösel auf den Teig gestreut, wobei man rundherum einen etwa 3 Zentimeter breiten Rand frei lässt. Die Äpfel werden geschält, geviertelt, entkernt und in kleine Stücke geschnitten. Nun werden die Apfelstücke mit Zucker, Zimt und Rumrosinen gemischt und auf den Teig gegeben. Die seitlich freigelassenen Teigränder werden jetzt über die Füllung geschlagen. Hierauf hebt man das Küchentuch an und rollt damit den Strudel samt Füllung locker auf.

Der Strudel wird mit der Naht nach unten auf ein mit Backpapier ausgelegtes Backblech gelegt und mit etwas flüssiger Butter bestrichen. Die Arbeitszeit für die Vorbereitung dauert etwa 40 Minuten.

Nun wird der Strudel etwa 35–40 Minuten lang im vorgeheizten Backofen bei 200°C (Umluft 170°C, Gas Stufe 3) gebacken, wobei er zwischendurch mehrmals mit flüssiger Butter bestrichen wird. Der fertig gebackene Strudel wird in etwa 5 Zentimeter breite Scheiben geschnitten und mit Puderzucker bestäubt. Zu dieser Leckerei passt ausgezeichnet ein Haferl Kaffee.

Girafftorte

Aber es gab da auch noch eine andere Leckerei. Es handelt sich dabei um ein Geheimnis, genauer gesagt um »Das Geheimnis der Girafftorte oder Wie der Buchbinder Wanninger zu seinem Namen kam«.

Ein kaum bekannter Einakter von Valentin trägt den Titel »Sie weiß etwas«. Liesl Karlstadt spielt darin sich selbst, also die bekannte Schauspielerin Liesl Karlstadt, die das Ehepaar mit dem unaussprechlichen Namen Vstblk besucht – wahrscheinlich weitschichtig verwandt mit der Familie Wrdlbrmpfd. Die Vstblks himmeln die Karlstadt an. Da das Dienstmädchen gerade Ausgang hat, kommt der Karlstadt eine freche Idee. Sie übernimmt mit Zustimmung der Gastgeber als Paula die Rolle des abwesenden Dienstmädchens. Es wird nämlich auch noch der Baron von Pliventranz – wohl ein weitschichtiger Verwandter des Hungerkünstlers Pliventranz – zu Besuch erwartet.

Als der Herr Baron erscheint, spielt Paula nun nicht, wie erwartet, die bescheidene Rolle eines Dienstmädchens, sondern benimmt sich ausgesprochen unverschämt. Der Baron ist brüskiert und fragt das Ehepaar Vstblks, warum es dieses Verhalten ihres Dienstmädchens dulde. Da gestehen die Vstblks, dass Paula etwas von ihnen wisse, was niemand zu wissen brauche, weshalb sie sie also leider nicht entlassen könnten, auch wenn sie sich noch so unverschämt benimmt.

Der Baron hat nun etliches auszuhalten. So fischt Paula mit den Fingern ungeniert eine Fliege aus seinem Bier, fragt ihn frech nach seinen ledigen Kindern, zwingt ihn barsch zum Essen, bis der Baron auf den Tisch haut, und zwar mitten hinein in die soeben aufgetragene Girafftorte, die nach allen Seiten auseinanderspritzt. Als der Baron das Haus entrüstet verlassen will, gibt ihm Paula ein Zwickerbussi. Das lässt nun den Baron dahinschmelzen. Er verliebt sich in sie und will sie heiraten. Doch da outet sich Paula und der Baron erfährt, dass alles nur ein dummer Aprilscherz war, da heute der 1. April sei.

Dieser Einakter ist nun jedoch nicht so harmlos, wie es scheint. In ihm steckt nämlich ein Geheimnis. Die Karlstadt erzählte einmal, dass von Kindheit an die Girafftorte ihre Leibspeis gewesen sei: »Immer dachte ich mir dabei, wenn i amal gross bin, kauf ich mir eine ganze Girafftorte.« Und ausgerechnet Karlstadts Lieblingsleckerei verwüstete nun Valentin in dem Stück »Sie weiß etwas«. Hier sind also eindeutige Anspielungen auf die zwischen Valentin und Karlstadt herrschenden und nicht immer erfreulichen Liebes- und Arbeitsbeziehungen. Dabei zerstörte Valentin wohl so manches, was Liesl Karlstadt lieb und teuer war, weshalb sie sich immer aufs Neue gezwungen sah, sich dagegen zu wehren. Doch das gelang ihr, wie man weiß, nicht immer. Bekanntlich erlitt sie am 6. April 1935 einen Nervenzusammenbruch und wollte sich in der Isar das Leben nehmen. Das war nun beileibe kein dummer Aprilscherz.

Dass die »Girafftorte« wirklich die Leibspeis der Karlstadt war, erzählte 1979 auch Engelbert Wandinger, der Besitzer der gleichnamigen Café-Konditorei an der Ecke Fraunhofer- und Klenzestraße: »Der Valentin ist gern in unserem Kaffeehaus gesessen und hat da sinniert. Er war sozusagen Stammgast bei uns. Auch mit Liesl Karlstadt, seiner langjährigen Bühnenpartnerin, war er mehrfach hier.« Wandingers Mutter, eine waschechte Münchnerin – sie starb im Alter von 92 Jahren – und Wandingers Tante Plaschke erinnerten sich, dass Valentin bei ihnen »immer eine ›Giraffe-Torte‹ bestellte. Dabei handelt es sich um eine Schokoladenschaummasse, die auf einem Mürbteigboden ruht und oben von einem Biskuitdeckel gehalten wird. Der Deckel ist gewissermaßen das Giraffige: weiß glasiert und mit Schokotupfen versehen. Dieses leichte Naschwerk aus Eiweiß, Zucker und Kakaomasse mochte er, weil er magenempfindlich war«, erzählten die beiden Frauen. Zufällig war die Girafftorte aber auch Liesl Karlstadts Leibspeis.

Übrigens benannte Valentin eine seiner wohl populärsten Figuren, nämlich den Buchbinder Wanninger, nach dem Besitzer seines Stammcafés. Aus Konditormeister Wandinger wurde bei ihm etwas abgewandelt der Buchbinder Wanninger. Und nach der Serviererin Plaschke benannte er – ebenfalls in etwas abgewandelter Form – den im »Wanninger« auftretenden Ingenieur Plaschek. Bei einem Valentin-Menü darf auf der Speisekarte unter der Rubrik Nachspeisen also keinesfalls die Girafftorte fehlen.

Rezept für die »Girafftorte«

Zutaten
Für den Biskuitteig:
4 Eier (getrennt), 3 El kaltes Wasser, 170 g Zucker, 80 g Mehl, 80 g Speisestärke (heute: Mondamin, Maizena), 1 Tl Backpulver. Man kann aber auch den fertigen Boden kaufen.

Für die Wasserglasur:
Puderzucker (Staubzucker), Wasser, etwas Kochschokolade

Für die Schokolade-Eiweiß-Füllung:
120 g Kochschokolade und 50 g Milchschokolade (statt 80 g Block-Kakao und 250 g Zucker), ⅛ l Eiweiß – dazu benötigt man ca. 5 Eier, ⅛ l Obers (Schlagobers)

Zubereitung
Biskuitteig:
Den Boden der Springform mit Papier auslegen (nicht einfetten, da der Teig sonst beim Backen abrutscht). Eiweiß und kaltes Wasser mit dem Quirl des Handrührgeräts zu sehr steifem Schnee schlagen. Er soll luftig und zugleich fest genug sein, sodass ein Messerschnitt darin sichtbar bleibt.

Dann Zucker unter stetem Weiterschlagen langsam einrieseln und weiter rühren, bis es nicht mehr knirscht. Eigelb auf niedrigster Stufe unterziehen, bis vom Eigelb nichts mehr zu sehen ist (Bei zu langem Rühren entweicht zu viel Luft aus der schaumigen Masse!).
Mehl, Speisestärke und Backpulver mischen und sieben, zur Eiermasse geben und mit dem Schneebesen kurz unterheben. Dabei nicht rühren, sondern den Schneebesen

durch beide Schichten ziehen, über der Handkante abschlagen und neu ansetzen.
Masse nur 1–2 Zentimeter hoch in die Springform füllen und glatt streichen. Form in den Backofen schieben. Auf (Gas Stufe 2) 180°C schalten und etwa 30–35 Minuten backen. Nach 30 Minuten testen: Ein Holzstäbchen in die Kuchenmitte stechen und herausziehen. Bleibt kein Teig daran haften, ist der Boden fertig, sonst noch weitere 5 Minuten backen.

Wasserglasur:
Puderzucker mit Kaltwasser zu einem Brei anrühren und nach Bedarf verdünnen. Den glatteren Biskuitboden oben mit nicht zu dünner Wasserglasur weiß glasieren. Den Guss noch feucht mit aufgelöster Schokolade betupfen (große, unregelmäßige Flecken), dadurch entsteht ein schwarz-weiß gefleckter Guss. Trocknen lassen. Girafftorte in gewünschte Stückzahl einteilen oder gleich schneiden.

Schokolade-Eiweiß-Füllung:
Beide Schokoladen auf Glasplatte über Dunst (oder im Wasserbad) erweichen. Eiweiß sehr steif schlagen. Mit ausgekühlter Schokolade verrühren. Obers steif schlagen und hinzumengen. Einige Stunden kaltstellen. Den übrigen Biskuitboden bestreichen mit der Schokolade-Eiweiß-Creme. Einen kleinen Teil davon zum Garnieren in einen Spritzbeutel geben.

Die Torte zusammensetzen:
Eingeteilte oder bereits geschnittene Deckelteile auf den unteren Boden (den mit der Schokocreme) aufsetzen. Am Rand glatt streichen. Oben eventuell mit Spritzbeutel zusätzlich schöne Tupfen aufsetzen.

Fertig! Schmeckt und sieht aus wie die Girafftorte, die auch Liesl Karlstadt und Karl Valentin kannten. Damals kostete ein Stück Torte beim Konditor um die 10 Pfennige. Die Torte wird heute nicht mehr so hergestellt, wegen der Gefahr von Salmonellen durch die Verwendung roher Eier. Anno 1900 suchte der Konditor deshalb, seine Girafftorte spätestens bis Nachmittag an die Kunden zu verkaufen.

Tipp
Es empfiehlt sich, die Girafftorte mit Sahne herzustellen, da hier keine Salmonellengefahr besteht. Die Herstellung ist wie oben, nur statt Eiweiß ¾ Liter gesüßte und geschlagene Sahne und Vanille zu verwenden. Kakao warm stellen, kein Wasser, nur etwas Sahne drangeben, nicht zu warm vermengen. Ist diese Masse glatt, dann unter die andere Sahne mischen und fertigstellen wie oben.

KULINARISCHER BÜHNENZAUBER

In vielen von Valentins Monologen, Couplets, Szenen und Stücken spielt Essen und Trinken eine Rolle, ebenso bei seinen Bühnenauftritten und Filmen. So spielt er etwa in seinem berühmten Film »Die Erbschaft« die Rolle eines verarmten Lumpenproletariers, der sich über einen Wurm im Salat als Fleischbeilage furchtbar freut.

In dem Stück »Der reparierte Scheinwerfer« werden die beiden Elektrotechniker Valentin – er spielt den Vorarbeiter – und Liesl Karstadt – sie spielt den Lehrling Simmerl – in ein Theater gerufen, wo auf der Bühne mitten in einer Vorführung soeben der Scheinwerfer ausgefallen ist. »Der ist kaputt«, erkennt Valentin sofort. »Der wirft keinen Schein mehr!« Aufgeregt fordert der Theaterdirektor die beiden auf, den Schaden möglichst rasch zu beheben, damit die Vorstellung fortgesetzt werden kann. Doch statt mit der Arbeit anzufangen, fangen die beiden Elektrotechniker gleich an – mit der Brotzeit. Dazu soll Simmerl vom Metzger zwei heiße Regensburger holen, aber eigentlich wären sie Valentin dann doch kalt lieber. Simmerl schlägt vor: »Dann hol ich zwei ganz hoaße und geh ganz langsam dann werden s' a so eiskalt, bis i wieder komm.« – »Ja«, stimmt Valentin zu, »und wenn's mir zu kalt sind, dann können sie mir ja immer noch warm machn.« Simmerl will aber keine Regensburger, sondern lieber einen Schlagrahm. »Brauchst bloß an Rahm bringa«, sagt Valentin, »an Schlag kriagst dann von mir.« Endlich macht sich Simmerl auf den Weg. Als er mit den heißen Würsten wiederkommt, erscheint der Theaterdirektor, um nachzusehen, ob die Reparatur nicht bald beendet ist. Valentin, dem Simmerl soeben die heißen Regensburger überreicht, versteckt sie beim Nahen des Direktors blitzschnell in seiner Tasche und verbrennt sich dabei entsetzlich, sodass er sich vor Schmerzen krümmt. »Haben sie Bauchweh?«, fragt der Direktor. Valentin nickt verzweifelt.

Als sich der Direktor kurz wegdreht, wirft Valentin die heißen Würste rasch ins Publikum. Bei der nun endlich beginnenden Arbeit steigt Valentin auf die Tische, an denen die Gäste sitzen, tritt dabei ungeniert in eine Schüssel voll Schlagrahm und zermatscht unter dem Protest der Gäste einen Schaumkuchen. Auch in dem Stück »Christbaumbrettl« setzt sich am Ende des Stücks der Kaminkehrer in den Schaumkuchen, auf den sich alle schon gefreut haben.

Das Stück »Der Firmling« schließt damit, dass der Ober dem Firmling Pepperl und seinem Vater Makkaroni serviert. Der inzwischen stockbetrunkene Vater wickelt die Nudeln um Pepperls Firmungskerze, die er für eine Gabel hält und steckt sie sich dann in seine Westentasche. Dabei reißt er den Tisch um und die Makkaroni liegen verstreut am Boden. Lallend kratzt sie der Vater vom Boden auf und stopft sie in seine Hosentasche und unter den Hut, bevor er sich von Pepperl aus dem Lokal schleppen lässt.

In der Szene »Oktoberfestschau« tritt die 2,30 Meter große Riesendame »Fräulein Lilly Wiesi-Wiesi« auf. »Um die Grösse beizubehalten, isst die Dame nur längliche Speisen, wie Stangenspargel, Makkaroni, Rhabarber und Salzstangerln. Getränke muss sie sprudelnd heiss trinken, da die im Munde eingenommenen heissen Flüssigkeiten infolge der langen Speiseröhre meistens eiskalt in den Magen kommen und zu einer Magenerkältung führen könnten.« Und in dem Stück »Bei der Huberbäuerin brennts« ruft der Feuerkommandant, anstatt mit dem Löschen zu beginnen, angesichts der großen Hitze: »Jetzt wär' halt a frische Maß Bier recht!«

Warum aber haben in Valentins Theaterstücken sogar Essen und Trinken häufig eine destruktive Funktion? Weil Valentin nicht lustig ist, er macht sich nur lustig über die Welt. Er versteht keinen Spaß, aber das Zerstören macht ihm Spaß und deshalb muss in seinen Stücken immer wieder etwas zerstört werden. Auch Essen und Trinken bezieht er damit ein. Zwar sehnt er sich

Der Firmling Pepperl geleitet seinen Vater nach der Feier aus dem Lokal.

wie alle Menschen nach einer heilen, vollkommenen Welt, da sie das aber nicht ist, gerät er nach und nach geradezu in eine Zerstörungswut und vernichtet dabei auch das, was heil zu sein scheint. Zumindest ist dann die Katastrophe perfekt. So entlarvt er den Machbarkeitsglauben unserer Zeit und wirkt mit seinen Mitteln an dem gigantischen, unaufhaltsamen Weltzerstörungswerk mit.

Valentins Ententraum
und Knackwürst im Kanonenrohr

Valentin liebte Ritterstücke mit Geschichten vom »Ritter Unkenstein«, dazu die bis heute berühmten Ritterg'stanzeln, die er selbst als Raubritter mit dicker Nase und riesigem Schnauzbart vortrug, kostümiert mit Wams und Ritterhelm:

Ja, so warn's, ja so warn's
Ja so warn's die alten Rittersleut,
Ja so warn's, ja so warn's,
die alten Rittersleut.

G'suffa habn's und dös net wia,
Aus de Eimer Wein und Bier
Habn's dann alles g'suffa g'habt,
Dann san's unterm Tisch drunt' g'flackt.

In seinem Lieblingsstück »Die Raubritter vor München« weckt der »Trommelbua Michl« (Liesl Karlstadt) den »Wachtposten Bene« (Karl Valentin), der eingeschlafen ist. Bene schrickt hoch und beklagt sich, dass er gerade jetzt geweckt wird, wo er doch grad so was Schönes geträumt hat. Der Trommelbua Michl will wissen, was das gewesen sei und Bene erzählt ihm seinen Traum:

Er sei als Ente auf einem Weiher umeinander geschwommen und habe plötzlich am Ufer »einen ganz langen, gelben Wurm« entdeckt. Sofort sei er auf den Wurm zu geschwommen und habe schon den Schnabel aufgerissen, um den Leckerbissen zu verschlucken, als ihn Michl unsanft geweckt habe. Dem tut das jetzt leid. Wenn er gewusst hätte, wovon der Bene träumt, hätte er ihn natürlich zuerst den Wurm fressen lassen und ihn erst dann geweckt.

> **Michl**: Aber ein schöner Traum war's ja sowieso net.
> **Bene**: Für a Antn scho! Für a Antn war das sogar ein wunderbarer Traum! Für a Antn ist das genau so, als wie wenn's Dir von einem Schweinsbratn träumt.
> **Michl**: Für a Antn schon! Aber Du bist ja koa Antn!
> **Bene**: Aber im Traum war ich eine!
> **Michl**: Aber jetzt nicht mehr.
> **Bene**: Das verstehst Du nicht – für solche Träume bist Du noch zu jung.

Michl ist da anderer Ansicht. Bene müsse ihm vielmehr dankbar sein, dass er ihn geweckt habe, »denn wenn ich Dir den Wurm wirklich freßn hätt lassn, dann wärs Dir jetzt höchstens recht schlecht«.

> **Bene** (nun wütend): Ah, du Rindvieh! Ich hättn do net gfreßn! Die Antn hättn doch gfreßn, die wo ich im Traum war! Und einer Antn wird doch nicht schlecht, wenns einen Wurm frißt! Verstehstn das nicht?
> **Michl** (nun ganz durcheinander): Wer hat denn nun eigentlich den Wurm fressen wollen?
> **Bene**: Natürlich die Antn.
> **Michl**: Aber hat es denn der Antn geträumt, dass sie einen Wurm fressen will?
> **Bene**: Nein! Mir hat's träumt! … Obs einer Antn träumt, das weiß doch überhaupts kein Mensch nicht – laß mir doch amal mei Ruah – das – das – das – wär ja direkt eine zoologische Berechnung sozusagen, nicht wahr? Wenn's einer Antn wirklich träumen tät – da könnt man doch –, das könnt doch die Antn nie sagn! Bei einem Papagei ist des ganz was anders, – der Papagei, der kann in der Früh sagn: »Mir hat's träumt!« Aber eine Antn kann doch nicht redn, – und jetzt laßt mir meine Ruh, sag ich Dir!

Valentin erwacht aus seinem Ententraum.

Der Michl hält alles für einen Schmarrn, was der Bene daherredet. Erst behauptet er, für eine Antn wär das a wunderbarer Traum, und jetzt sagt er, eine Antn könnte überhaupt nicht träumen und außerdem sind »Träume« doch nur »Schoime«.

»Das war ebn kein Schaum«, beharrt Bene. »Das war ein Wurm! – Und wennst mirs jetzt nicht glaubst, dann träumst heut Nacht dasselbe, – und grad, wenn'st in den Wurm neipeckn willst, – dann weck ich Dich auf!«

In dem Stück »Die Raubritter vor München« passieren aber auch noch viele andere seltsame Sachen. Da stiehlt Bene (Karl Valentin) dem Metzgerburschen Girgl eine Reihe von Knackwürsten. Weil er nicht entdeckt werden will, schiebt er die Würste ins Kanonenrohr. Girgl holt den Polizeidiener und beschuldigt Bene des Diebstahls.

> **Polizeidiener**: Entweder hast dus gstohln oder der Girgl lügt.
> **Bene**: Ja der lügt, und wer lügt, der stiehlt auch.

Als der Girgl auf Bene losgeht, zieht der den Kanonenwischer aus der Kanone, um sich damit zu verteidigen, wobei er die darin befindlichen Würste herausreißt.

> **Polizeidiener**: Wie können denn da Würst herauskommen?
> **Bene**: Weils halt reinkommen sind. Heut in der Früh ist doch ein starker Westwind g'angen und wie da der Girgl mit seine Würst so vorbeigeht, hat der Wind die Würst pfeilgrad in die Kanona neingweht. Der Michl hat's gsehn, der war dabei, gell, Michl!
> **Michl**: Ja, so wars, ganz genau so. Weil ichs selber gsehn hab und weil er noch gsagt hat, wenn ich nichts sag, krieg ich auch die Hälfte.
> **Polizeidiener**: Von was die Hälfte?
> **Michl** (kleinlaut): Vom Wind.

Polizeidiener: Da müsst ich ja an Wind verhaften.
Bene: Den aber wirst net erwischen.

Mit dieser Ausrede entgeht er somit seiner Verhaftung.

Sind Schallplatten essbar?

In dem berühmten Stück »Im Schallplattenladen« treibt Valentin die Verkäuferin (Liesl Karlstadt) fast in den Wahnsinn. Ständig will er von ihr etwas Neues. So verlangt er unter anderem Preisselbeer-Platten? Oder sind's Himbeer-, Heidelbeer-, Brombeerplatten? »Nein, die gibt's nicht!«, erklärt ihm die Verkäuferin, worauf Valentin sagt: »Halt – Meyerbeerplatten meine ich.« Die Verkäuferin erklärt: »Nein, die haben wir zurzeit nicht mehr, die sind ausgegangen.« – »Wohin?«, will Valentin wissen. Die Verkäuferin schüttelt genervt den Kopf: »Kommen Sie mal hier an den Tisch, dann zeig ich Ihnen noch verschiedene Platten.« – »Was, gestorbene Platten?«, fragt Valentin. Die Verkäuferin ignoriert seine Frage und sagt: »Sehen Sie mal hier, da hab' ich was für Sie, das sind biegsame Platten in allen Farben. Die können Sie auf den Tisch schlagen oder zusammenrollen und wenn sie Ihnen herunterfallen, zerbrechen sie nicht. Da hol ich Ihnen noch welche.«

Die Verkäuferin geht ab. Valentin ist allein und brummt: »Ja, was 's net alles gibt, biegsame Gramaphonplatten. So ein Glump erfinden 's, aber fürn Katharrh haben's heut noch nix!«

Neugierig vergleicht er jetzt die neuen biegsamen Platten mit den harten Wachsplatten auf deren Biegsamkeit. Dabei zerbricht er vier harte Platten, indem er diese nacheinander auf den Tisch schlägt und die zerbrochenen Teile dann auf den Boden wirft. Neugierig, wie das auch Kinder machen, schiebt er sich nun sogar ein Stück einer zerbrochenen harten Wachsplatte in seinen Mund und beginnt darauf herumzukauen, um sie auf ihre Essbarkeit zu überprüfen. Dabei verhakt sich das spitze Stück in seinen Zähnen und im Gaumen und Valentin versucht verzweifelt, den Fremdkörper mit seinen Fingern aus dem Mund heraus zu wuzeln. Da kommt die Verkäuferin zurück und ruft entsetzt: »Ja, was machen Sie denn da? Sie haben mir da ja drei Wachsplatten zerbrochen?« – »Nein, vier!!!!«, korrigiert sie Valentin sofort. »Aber die sind doch nicht biegsam, das müssen Sie doch sofort bemerkt haben und auch nicht essbar.« Für Valentin, der alles genau untersucht, sind sie es aber schon, jedenfalls so lange, bis er merkt, dass sie es nicht sind.

Der Wasser-Rausch

In seinen Erinnerungen berichtet der Schauspieler und Regisseur Kurt Horwitz, der auch im Valentin-Film »Mysterien eines Frisiersalons« mitgewirkt hatte, von der Uraufführung des »Firmling« im »Hotel Germania«.

»Im ›Firmling‹ sahen wir zum ersten Mal, wie Valentin einen Rausch spielte – wie der Kleinbürger, den er darstellte, mit seinem Firmlingsbuben, den Liesl Karlstadt unvergesslich herrlich spielte, in das ihn vornehm dünkende Lokal geriet, in die ›Weinterrasse‹ – wie er den herablassend-frechen Kellner anschaute, dem er dann auch nichts schuldig blieb – wie der Rausch wuchs und wuchs, sodass zum Schluss das große valentinische Durcheinander entstehen musste. Seine Darstellung war in jeder Hinsicht großartig. Das lässt sich gar nicht schildern. Er war komisch, rührend, dämonisch, skurril, lyrisch, patzig, tragisch, laut und leise, ohne auch nur eine Sekunde die kleinbürgerliche Figur zu verlassen und ohne die soziale Angriffigkeit aus dem Unterirdischen ins Rampenlicht zu stellen. Das darstellerisch Größte blieb jedoch die Unentrinnbarkeit aus dem Alkohol.

Kein Mätzchen und kein bewährter Trick störten eine gleichsam magische Entwicklung bis zum turbulenten Ende.

Nach der Vorstellung saßen wir zusammen. Wir dankten begeistert, und dann stellte einer von uns die Frage, die uns brennend interessierte: ›Herr Valentin, wie machen Sie den Rausch?‹ Er verstand die Frage gar nicht, und er sagte nur ›Ja, wie? Machen?‹ Der Frager bohrte weiter ›Trinken Sie vor dem Auftreten schon ordentlich? Und was? Bier? Wein? Schnaps?‹ Jetzt verstand Valentin erst. ›Ach so‹, sagte er, ›des ko i Eana sogn, ich mach's mit Wasser!‹ In diesem Augenblick begriff ich die ganze Größe Valentins – da er, unbewusst, durch sein Beispiel bewies, was Kunst eigentlich ist. Er war ja kein Antialkoholiker. Er wusste aber instinktiv, dass er ein vernebeltes Gehirn nicht brauchen konnte, weil die Chaplinsche Präzision und die aller großen Clowns die Voraussetzung für seine Darstellungsweise bilden musste. Ich selbst versuchte es von da an auch mit Wasser, nur noch leicht mit Wein gemischt.«

Weltuntergang kulinarisch

Sogar den Weltuntergang stellte sich Valentin kulinarisch vor, wie er auf der Bühne in seinem Monolog »Weltuntergang« erzählte. Hier nur ein paar Ausschnitte:

»Gestern nachmittags um 9 Uhr sitz ich im Restaurant ›Zur verfaulten Blutorange‹ und weil ich am Tag vorher meine goldene Uhr zum Konditor tragn hab, zum Reparieren, hab ich einen solchen Heißhunger kriegt, dass ich mir zwei Portionen Senftgefrorenes und an gsottnen Radi als Abendessen zum Frühstück bestellt hab. [...] In der Volksküche habens a Staudn Nißlsalat

Betrunken oder nicht? Das wusste man bei Valentin nie so genau!

mit dem neuen Trambahntarif verwechselt, der Bürgermeister will im hintern Anhängewagen vom Telephonautomat einsteign, kann aber leider nicht schwimmen und stößt mit seiner Batikkrawatte a Loch in a neugebackene Schlagrahmtorte. In der Verwirrung führt der Turmwächter von St. Emeram einen Bismarckhäring ins Hundebad [...] und wenn nicht zufälligerweis auf dem Wendelstein drob'n ein Schutzmann seinen Wecker ablaufen läßt, verlangt die Obsthausiererin für zwei Pfund Kinderhemden einen Freundschaftskuß. [...] Sollten dagegen die Münchner Schlittschuhläufer wegen dem eingetretenen Weißbrotmangel vor Ablauf vorigen Jahres ihre Schlittschuhe nicht doppeln lassen, so sind auf Kosten des Fremdenverkehrs starke, gewitterartige Niederschläge zu erwarten. [...] Da öffnen sich die Wolken und mit blinzelnden Augen treten 18 Packträger hervor und verkündeten das Ende der Welt. Links und rechts stehen je vier goldene Jungfrauen mit Semmelbrösel bepappt und hielten ein vernickeltes Butterbrot in der Hand. Die Luft zitterte wie Schweinssulz, die Erde wühlte sich auf, die Vesuve speiten Honig und Sauerkraut. Nacht- und Tageulen, Junikäfer und Lämmergeier schwirrten gespensterhaft auf dem Fußboden umher, panikartig zerplatzte ein alter Leberkäs und am Ende des Vortrags trat plötzlich der Schluss ein.«

Vom Bierkrampf

Während einer Vorstellung an einem heißen Sommertag, sagte Valentin ins Publikum: »Heut hats eine Hitz, eine direkte Hitz, heut wär a Bier recht, da muss i Eahna was erzähln. Gestern Abend war ein sehr nettes Publikum bei uns, und ein Herr der hat mir, weils gar so heiss war, eine halbe Bier gestiftet auf die Bühne, die Kassierin hats da vorne hergestellt, ich geb net obacht, und stoss mitn Fuss um. Das ganze Bier war beim Teufel. Heut, weil ich obacht gebn tät – heut hab ich koans kriagt.«

Hierauf bekam Valentin eine Halbe Bier auf die Bühne gestellt, worauf er meinte: »Nana, dös brauchst wirklich net, ich habs ja blos so erzählt, deswegn hab ichs wirkli net gsagt. – Annehmen tu ichs schon, aber wie gsagt es brauchts net, …. no ja, es is ja a nur eine halbe, und heut gib i ja obacht, heut wenn 2 Halbe dastehn täten, würd ichs auch nicht nunterwerfen.«

Schon wurde ihm die zweite Halbe auf die Bühne gestellt. Erfreut sagte Valentin: »Dank schön, … wann war jetzt des glei? Wo ich amal an einem Abend glei 5 Halbe kriagt hab, da hab ich 5 Halbe trunken.«

Jetzt wurden ihm nacheinander eine dritte, vierte und fünfte Halbe Bier auf die Bühne gestellt. Valentin deutete auf den Spender im Publikum: »Sehn S', des ist natürlich nur a Protzerei von dem Herrn, der jetzt 5 Halbe schickt … wenn schon, dann müsst er jetzt 10 Halbe schicken, das wär der Rede wert.«

Sofort wurden nun weitere Halbe Bier gestiftet und schließlich sogar die zehnte Halbe auf die Bühne gestellt. Valentin deutete auf die zehn Halbe, die am Bühnenrand aufgestellt waren, und rief: »So jetzt richt ich sie alle schön über die Bühne, dass auch schön ausschaut, nicht dass sie glauben, ich will sie auffordern dazu, aber einmal, ich weiss nicht mehr, wann es war, da hab ich so viel Bier kriagt, da hab ich die Gläser alle über die Bühne rüber gestellt, die ganze Bühne hat ausgschaut, wie ein Gartenzaun und der Garteneingang waren 2 grosse Humpen. … Aber i moan«, sagt Valentin jetzt kleinlaut. »Jetzt hör i auf, sonst kriag i statt an Bier noch Schläg.«

Valentin als wandelnder Bierkrug

Bei einem seiner Vorträge verschmolz Valentin auf der Bühne förmlich mit einem Bierkrug, den er sich aus Pappmaschee gefertigt hatte. Rechts und links streckte er seine beiden Arme durch Löcher aus dem Krug und unter dem oberen Rand hatte er eine Öffnung hineingeschnitten, durch die er seinen Kopf herausreckte. Der Zinndeckel, das Schmuckstück eines jeden Münchner Krugs, fehlte allerdings, denn Zinn wurde während des Ersten Weltkriegs gebraucht und deshalb eingeschmolzen. 1916 war die »Metallspende des deutschen Volkes« ins Leben gerufen und die Bevölkerung aufgefordert worden, Hausgerätschaften aus Kupfer, Messing, Bronze und Zinn abzugeben. Gastwirtschaften und Privathaushalte hatten auch zinnerne Bierkrüge und Deckel abzuliefern. Damals sang Valentin aus dem zinndeckellosen Bierkrug-Kostüm heraus zur Melodie »Ich bin eine Witwe« das »Klagelied eines Zinndeckels«.

Als trauernder Masskrug
Komm ich jetzt daher.
Mein Deckel is fort,
Mei' dös is a Malheur.
Das Zinn wurd' beschlagnahmt

Bierkrug aus Valentins Panoptikum: »Steht nur so da!«

Wer hätt' das gedacht
Und aus diesem Zinn
Werd'n Granatenteile g'macht.
Jetzt steh i alloa da,
Dös is doch zu dumm.
Mei' Freund wird geschmolzen
Im Krematorium.
Und i lauf jetzt traurig,
Des is doch a Schand,
Als echter Münchner Masskrug
Ohne Deckel umanand.
Ja! – I, i bin a Masskruag,
A verlassener Masskruag,
Hab' an schöna Hut g'habt
Ganz aus silberweissem Zinn.
Das schönste habn's mitg'nommen,
Mei' Stolz der is »zerronnen«,
Weil i nur mehr a gscherter
»KEFERLOHER« Masskrug bin.

In der zweiten Strophe erinnert sich Valentin dann an die »grüabige Zeit«, als die Masskrüge noch zinnerne Deckel hatten und wünscht sich, »dass bald der Friede käme« und damit auch die Zinndeckel auf den Masskrügen wiederkämen.

Mitunter dachte sich Valentin auch seltsame kulinarische Berufe aus. So wäre er gerne Prälat des oberbayrischen Hopfenzupfer-Syndikats, aber auch Mitglied der Anisloabi- und Mohnweckerlkommission geworden. Ebenso hätten ihm das Amt des Mangfallwasser-Kontrolleurs oder der Posten eines Direktors einer Schmalznudel-Verleihanstalt gefallen. Auf dem Oktoberfest hätte er sich als Schweinswürstlausrufer, Ochsenmaulsalatwürzer oder auch Steckerlfischkrematoriumswächter betätigt. Interessant fand er außerdem die Berufe eines Himbeerinspektors, Sauerkrautbetrachters oder Vitaminsortierers.

Der Mord in der Eisdiele!

Valentin schrieb nicht nur zahlreiche Couplets, sondern auch den Text für mehrere Moritaten. Eine trägt den schaurigen Titel »Der Mord in der Eisdiele!« und ist zu singen nach der Melodie »Die Musik kommt«. Darin wird von der ältlichen Köchin Annemarie erzählt, die sich in einen dubiosen Burschen namens Kraus verliebt, der sie aber nur »platonisch liebt« und es nur auf ihr Geld abgesehen hat, das sie sich im Lauf ihres Lebens mühsam erspart hat. Kraus will sie deshalb umbringen, um an das Sparbuch zu kommen. Er hatte nur eines im Kopf:

Verschwinden muß die Annemarie,
Er wußte nur nicht – wie.

Zuerst will er sie vergiften, doch

Vergiften ist zu gräuslich
Das fand er selbst zu scheußlich.

Dann denkt er daran, sie zu erschießen und kauft sich einen Revolver. Doch

Er hat es nicht gemachet,
Weil der Revolver krachet.

Dann holt er ein Beil, um sie zu erschlagen.

Doch blutig soll's nicht gehen
Er kann kein Blut nicht sehen.

Unablässig denkt er daran:

Verschwinden muß die Annemarie,
Er wußte nur nicht – wie

denn er war

Als Mörder viel zu weich
Er kam auf die Idee:
Er führte dann sein Opferlamm
In eine Eisdiele.
Dort hat sie sich vergessen
Hat so viel Eis gefressen,
Daß sie daran erfroren ist,
Das war des Mörders List!

Mord durch Selbstmord, so etwas konnte nur einem Karl Valentin einfallen.

Betrunken zur Salvatorzeit

»Ich habe meinen Vater nie betrunken erlebt«, erinnerte sich Valentins Tochter Bertl, korrigierte sich aber gleich. »Doch! Einmal! Zur Salvatorzeit. Da polterte jemand die Treppe herauf. Mama, Großmama und ich horchten auf. Es läutete und pumperte an unserer Wohnungstür, und ein Sangeslustiger bat um Einlass. Als Mama die Tür öffnete, fiel Papa ihr um den Hals. Er konnte sich nicht mehr auf den Beinen halten. Wir stützten ihn gemeinsam und führten ihn den langen Gang entlang bis ins Schlafzimmer, wo wir den Haltlosen liebevoll aufs Bett setzten. Ich muss gestehen, dass mich als Kind dieses kleine Schauspiel amüsierte, noch dazu, weil Papa kreuzfidel war. Er umarmte uns alle und war recht gut zu haben! Mama schüttelte den Kopf und meinte: ›Also, so hab ich ihn doch noch nie gesehen! Wenn er uns nur nicht krank wird!‹ Mama dachte an Papas qualvolle Asthmaanfälle. Und Großmama seufzte, ohne ihre Hilfeleistung zu unterbrechen: ›Nee, nee, nee, ach God, nee!‹ Papa ließ alles mit sich geschehen. Als er am Bettrand saß, streckte er wie ein Pascha die Beine aus, was natürlich heißen sollte: ›Jetzt ziagts ma d' Schuah aus!‹ Großmama stützte ihren ›liederlichen‹ Sohn, Mama und ich vollbrachten Gemeinschaftsarbeit. Wir hatten alle Hände voll zu tun und unser Herr sang dazu das ›Prosit der Gemütlichkeit‹. Als wir beide, Mama und ich, vor Papa knieten, um ihm die Schuhe auszuziehen, ereignete sich etwas Unvorhergesehenes: Ruckartig zog er seine Füße zurück und sagte, vollkommen nüchtern: ›Geht's weg! I konn ma doch meine Schuah alloa ausziagn!‹ Papa hatte eine Spitzbubenfreude, dass wir alle drei auf ihn und seinen gespielten Rausch hereingefallen waren.«

KARL VALENTIN IM RESTAURANT

Besuche von Wirtschaften und Restaurants kosteten Valentin meist »Überwindung, denn seine ungewöhnliche Menschenscheu hielt ihn von allen Massenvergnügungen fern«, so versicherte sein Freund Kurt Wolter. Valentin war ein Eigenbrötler. Er hasste es, sich auf der Straße oder in der Wirtschaft von wildfremden Menschen ansprechen zu lassen. Es brauchte lange Zeit, bis er ein wenig auftaute und sich mit jemandem in ein Gespräch einließ.

Bisweilen lud Valentin aber auch einen Bekannten zum Essen ein, wie dies dem Schauspieler Gustl Ehm widerfuhr, der Folgendes berichtet: »Einmal lud mich Valentin in den Augustiner zum Weißwurstessen ein. Ich erwähne das eigentlich nur, um das Gerücht zu widerlegen, dass Valentin sehr geizig gewesen sein soll. Eigentlich hatte er keinen Anlass, mich einzuladen. Es ergab sich vielleicht aus dem Grunde, weil er wusste, dass ich in dieser Zeit der Arbeitslosigkeit ein armer Hund war. Ich bemerkte auch, dass er ein fürstliches Trinkgeld, etwa die Hälfte des Zechbetrages gab.«

Ein Lokal hatte Valentin besonders in sein Herz geschlossen, das Gartenlokal »Rosenau« in der Schleißheimer Straße 128, das schon seit 1887 ein beliebter Treffpunkt für Familien war. Auch Soldaten aus den nebenan gelegenen Kasernen hielten sich dort gerne auf. »An schönen Sonn- und Feiertagen«, erinnerte sich Valentin, »gab es Feuerwerke drunt in der Rosenau und weil ich als Bua anno 1895 aa scho drunt war und mir die Rosenau unvergesslich blieb, schrieb ich vor zirka zehn Jahren ein Volksstück, betitelt ›Brilliantfeuerwerk in der Rosenau‹.« Es wurde 1926 in den Münchner Kammerspielen uraufgeführt. Nachdem das Gartenlokal Rosenau bereits 1921 schon wieder geschlossen wurde, setzte Valentin mit seiner poetischen Komödie dieser Altmünchner Einrichtung ein liebevolles Denkmal.

Von der Schwierigkeit,
das richtige Restaurant zu finden

Zusammen mit Valentin ein Restaurant zu finden, das ihm gefiel, war nicht leicht. Das eine war ihm zu voll, das andere wieder zu leer, das eine zu dunkel, das andere zu hell, beim einen waren ihm die Stühle zu hart, beim anderen saß man zu eng.

Im Anschluss an eine Vorstellung wollte er mit ein paar Kollegen einmal das Kaffeehaus »Neptun« an der Isarbrücke besuchen. An der Tür blieb er aber stehen und brummte: »Na, da mag i net nei. Wia da die Leut scho auf mi herschaun.« Daraufhin ging die Gruppe zum Café am Maxmonument. Wieder blieb Valentin an der Tür stehen. »Ja, scho gar net«, sagte er. »Wie die Leut da stur dasitzn. Keiner schaut mich an. Die tean ja grad so, als ob's mich nicht kennen.« – »Heit kanns ihm wieder keiner recht machen«, meinte da einer aus der Gruppe.

Auch bei dem Besuch eines Biergartens konnte man Ähnliches erleben. Der Fotograf Kurt Wolter erinnerte sich, dass er eines Nachmittags mit Valentin in einen Biergarten kam. »Valentin freute sich ob der spärlich besetzten Tische«, so Wolter. »Als jedoch allmählich ein Zustrom von Besuchern einsetzte und der Garten sich füllte, wurde Valentin sichtlich unruhig. Schließlich äußerte er seine Bedenken. ›Stellen S' Eahna vor‹, begann er, ›alle Leit in der Stadt hättn die gleiche Idee, hierher zu gehn. Des könnt' doch möglich sei', an so am scheen'n Nachmittag? ... O mei, da kämen leicht zehntausend her ... Was sag i, zehntausend – a Million kemmatn, wann ma die vom Land einrechnet! Mia graust net schlecht bei dem Gedanken: Eine Million Menschen in dem kloan'n Garten! Ja da geh' i liaba glei hoam ... – Kathi zoin!‹ Und er war nicht länger zu halten.«

Wohl fühlte sich Valentin allenfalls »im engsten Kreis seiner Münchner Spezis, wie etwa am Stammtisch einer kleinen Wirtschaft in der Baaderstraße«, so Wolter. »Da saß er dann spät

Karl Valentin im Biergarten, eine seltene Aufnahme

nachts und spielte auf seinem bevorzugten Instrument, der Zither. Er spielte virtuos und sang, falls er in Laune war, kuriose Lieder dazu. Stundenlang. Nichts lag ihm ferner als die Absicht, hier eine Vorstellung geben zu wollen. Man war ja ganz unter sich, denn der Wirt hatte auf Valentins Anruf hin bereits vor seinem Eintreffen das Lokal für Fremde sperren müssen.«

Einmal fand Valentin in einem Café keinen Platz, aber nicht deshalb, weil alle Tische besetzt waren, sondern weil fast alle leer waren und er nicht wusste, wohin er sich setzen sollte. »Ein Platz hätte mir gereicht«, brummte er. »Aber so viele.« Als er schließlich doch einen Platz gefunden hatte, setzte er sich dennoch nicht hin mit der Begründung: »Hier gfallts mir weniger. Ja, es heißt schon zu Recht: Dort, wo du nicht bist, dort ist das Glück.« Und damit verließ er das Café.

Ein anderes Mal kam er in ein Café, wo abermals an fast allen Tischen Platz war. Ratlos schaute sich Valentin um und fragte dann den Kellner: »Wo ist denn da noch ein Platz frei?« – »Ja, das sehen Sie doch, überall«, sagte der Kellner und zeigte auf die freien Plätze. »Aber ich kann mich doch nicht überall hinsetzen«, sagte Valentin und verließ das Café.

Valentins Gästebuch-Eintrag im Münchner »Bratwurst Glöckl am Dom«

1893 wurde das Münchner »Bratwurst Glöckl«, Frauenplatz 9, vom Wirt Simon Bäumler eröffnet und seither werden dort Nürnberger Bratwürste verzehrt. Neben Ludwig Thoma und Georg Queri war am 9. Oktober 1936 auch Karl Valentin hier zu Gast und verewigte sich im Gästebuch mit einem eigenen Eintrag.

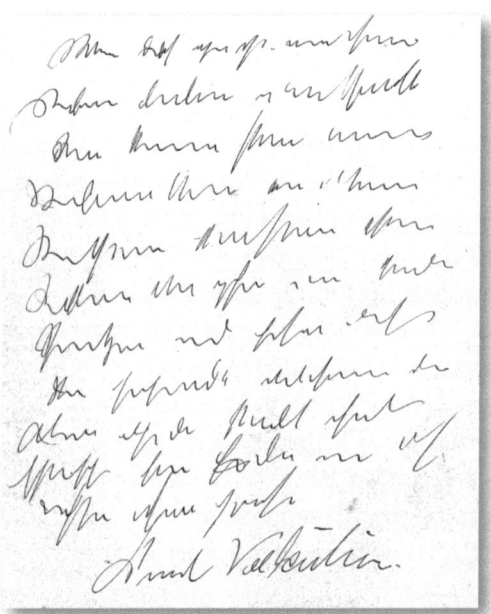

Valentins kryptischer Eintrag ins Gästebuch des »Bratwurst Glöckls« in München wurde nie enträtselt.

Seither grübeln Valentin-Forscher, Schriftgutachter und Kryptologen über die nicht zu entschlüsselnden Zeilen des Komikers und welch tieferen Sinn sein Eintrag hat. Ist es eine Lobeshymne auf das »Bratwurst Glöckl«? Ist es eine Beurteilung des Essens, das ihm dort aufgetischt wurde? Manche behaupten auch, es sei ein geheimes Kochrezept, das er als Dank für die Bewirtung dem Wirt des Lokals hinterlassen habe. Valentin jedenfalls löste das Rätsel selbst nicht auf.

Warum braucht es eigentlich eine Speisekarte?

Valentin saß in einem Lokal. Der Ober brachte die Speisekarte. Valentin nahm sie und biss hinein, verzog das Gesicht und brummte: »Diese Karte speise ich nicht. Bringen Sie mir gefälligst was zu essen.« In einem anderen Lokal herrschte er den Ober an, der ihm die Speisekarte reichte: »Wissen S' Ihr Sach net auswendig? Die Resi von meim Stammtisch braucht koa Literatur.« Valentin war es lieber, wenn ihm die Bedienung vorsagte, was es zum Essen gab. Er freute sich nämlich darauf, sich die Speisenfolge mehrmals wiederholen zu lassen. Durch ständiges Nachfragen verwirrte er die Bedienung immer mehr.

Valentin war sich auch nie sicher, ob das Essen in Restaurants von guter Qualität ist, und die Kreationen der dort angestellten Köche betrachtete er meist mit Argwohn, auch wenn er in dem Stück »Aus guter alter Zeit« den Wirt singen lässt:

Heut gibt's Weisswürst in der Soss,
Morgn gibt's Gschwollne a de san famos.
Übermorgn komma de Dünngselchten dran,
Nachher fang ma wieder mit de Weisswürst an.
Leberwurst und Blutwürst fein durchspickt

und ganz frisch vom Schlachten
sind nicht zu verachten,
aber für uns Münchner hat's kein Werth,
weil der Münchner immer seine alten Bräuche ehrt.

Leberkäs und Spiegeleier

Warmer Leberkäs gehörte zu Valentins Lieblingsgerichten. Einmal während eines Gastspiels in Berlin waren er und die Karlstadt von einer wohlhabenden Familie, die das Komikerpaar bewunderte, zum Essen eingeladen. Es gab das bayerische Nationalgericht »Schweinsbraten mit Knödeln«, doch Valentin, so berichtete Theo Riegler, »äußerte den Wunsch, einen Leberkäs und – mitten im Januar! – einen Radi zu essen«. Als ihm das Gewünschte gebracht wurde, »nahm Valentin den Leberkäs und aß ihn gleich aus dem Papier, ohne das echte Porzellan und das silberne Essbesteck [womit der Tisch gedeckt war] eines Blickes zu würdigen«.

Im Salvatorkeller in München gab Valentin einmal folgende Bestellung auf: »Fräulein, bringen S' mir a Maß Salvator und keinen Leberkäs dazu. Aber recht heiß soll er sein.«

Auch Spiegeleier verzehrte der Komiker gern. In einem kleinen Münchner Lokal ließ er sich nach seinem Auftritt ein paar Spiegeleier bringen. Als ihm das Essen vorgesetzt wurde, stellte er fest: »Die Eier san da, aber an Spiegl ham S' vergessn.«

Auf die Frage, welche Tiere er für die nützlichsten halte, meinte Valentin: »Das sind die Hühner. Die kann man vor und nach der Geburt essen. Aber«, so fügte er hinzu, »ich möcht koa Henna sei, weil die meisten Henna werdn schon als Eier in d'Pfanna neighaut.«

Salz und Zucker

Valentin wurde in einem Restaurant von einem Tischnachbarn gefragt: »Sie, ist das in dem Streuer da auch wirklich Salz und nicht etwa Streuzucker?« Valentin beruhigte den Mann: »Selbstverständlich ist das Salz, das sehn S' doch schon an der Farbe.« Damit war der Mann nicht einverstanden. »Aber Salz und Zucker sind doch beide weiß.« – »Da haben Sie recht«, sagte Valentin. »Nix stimmt in der Natur, lauter Murx is! Lauter Fehler! Könnt jetzt des Salz nicht a andere Farb habn, dass mas glei wegkennat vom Zucker, bevors zu spät is, in d' Suppn nei?« Bei diesen Worten nahm er den Salzstreuer in die Hand, der ihm plötzlich entglitt, auf den Steinboden fiel und zersplitterte. Zur herbeieilenden Bedienung sagte er: »Sie, des Büchsl zahl i, aber 's Salz net, des is nämlich noch ganz.«

Fliegen in der Soss

1928 saß Valentin mit seiner Partnerin Liesl Karlstadt »in einem Berliner Restaurant am Zoo – im ›Löfenbräu‹. Wir bestellten uns einen Kalbsbraten«, so berichtet die Karlstadt, »in dessen Sauce er etwa 20 Stück Fliegen erblickte. Ihn schüttelte es, er rief den Ober her und sprach zu diesem: ›Na alles was recht ist, Herr Ober, aber in einem so feinen Restaurant Fliegen in der Soss, das ist doch die Höhe.‹ – ›Wat – Fliejen, ne det sind keene Fliejen, det sin Rosinen.‹ – ›Was‹, sagte er, ›in einer Kalbsbratensauce süsse Rosinen?? – Da wärn mir ja tatsächlich d' Flieg'n lieber.‹«

Ein anderes Mal war Valentin eine Fliege in seinen Maßkrug gefallen. Sofort fischte er sie aus dem Bier heraus und rief: »Spuckst du 's Bier net glei aus, du versoffenes Viech!«

Schlürfen, Schmatzen und Rülpsen

Valentin entgingen auch nicht die diversen Geräusche, die beim Essen immer wieder zu hören sind. Es faszinierte ihn, dass in Japan das Emporschlürfen von Nudeln aus der Suppe zum guten Ton gehört, da Schlürfen den aromatischen Genuss veredelt und lautes Schlürfen auch ein Kompliment an den Koch ist. Außerdem kühlt Schlürfen die kochend heiß servierte Speise auf eine bekömmliche Temperatur herab. Wenn Inder sich mit den Fingern Reisbällchen in den Mund schieben, bleibt auch bei ihnen das Schmatzen nicht aus. Laut indischen Tischsitten ist außerdem auch das Rülpsen erlaubt, was geräuschvoll anzeigt, dass es einem wirklich schmeckt. Auch Weinkenner schlürfen bekanntlich den Wein in kleinen Schlucken und lassen ihn am Gaumen rollen, wobei ein Schmatzgeräusch entsteht. Auch sie tun das, damit sich die Aromen entfalten können.

Valentin, der beim Suppenessen gelegentlich auch selbst schlürfte, konnte nicht verstehen, warum diese Geräusche in anderen Ländern erlaubt sind, ja sogar zum guten Ton gehören, er als bayerischer Suppenliebhaber die Suppe aber nicht schlürfen und als Schweinsbratenkenner beim Essen nicht schmatzen dürfe. Natürlich kannte er als Protestant auch den Spruch Martin Luthers: »Was rülpset und furzet ihr nicht, hat es euch nicht geschmacket?« 1941 verfasste er den Dialog »Geräusche«, in dem sich ein Herr Zissbibeldip über die diversen Essgeräusche echauffiert.

Valentin (schlürft seine Suppe)
Herr Zissbibeldip: Na, na, na, das ist ja allerhand, wenn Sie schon nicht geräuschloser essen können, dann fressen Sie in Zukunft daheim, nicht im Restaurant!
Valentin: Das würde ich schon machen, aber meine Frau kann das Schmatzen und Schlürfen und die sonstigen Geräusche der Mahlzeit nicht hören.

Herr Zissbibeldip: So, Ihre Frau kann das nicht hören; aber die fremden Leute im Restaurant, die neben Ihnen sitzen, die müssen sich das anhören!
Valentin: Müssen nicht, – die brauchen sich ja nicht um mich herum setzen.
Herr Zissbibeldip: Wenn aber sonst kein Platz mehr da ist?
Valentin: Dann schon! – Sie sind eben ein empfindlicher Mensch! Sie müssen doch auch auf der Strasse gehen; da hören Sie den Strassenlärm, die Autos knattern, oben in der Luft surren die Flieger.
Herr Zissbibeldip: Sie werden doch nicht das Geräusch eines Flugmotors mit Ihrem Schmatzen vergleichen wollen!
Valentin: Selbstverständlich nicht! Das ist doch tausendmal lauter! – Nun, da seh'n Sie ja, wie kapriziös Sie sind! Die Flieger und der Strassenlärm regen Sie nicht auf, aber meine kleine Mundbewegung beim Essen macht Sie nervös!
Herr Zissbibeldip: Ein Flugmotor surrt – das ist ein mechanisches Geräusch, weil es von einer Maschine erzeugt wird.
Valentin: Das ist richtig. – Aber Sie können von mir nicht verlangen, dass ich beim Essen surren soll; das ist mir nicht möglich – nicht einmal, wenn ich ein ›Surrhaxl‹ verspeisen würde! – Sie sind halt ein geräuschempfindlicher Mensch! – Da – haben Sie's soeben gehört!? Der Herr da drüben hat geschneuzt! Warum beschweren Sie sich nicht über das Nasengeräusch?
Herr Zissbibeldip: Ja ich kann doch dem Mann das Schneuzen nicht verbieten!
Valentin: So, das können Sie nicht! Aber mir wollen Sie das Essen verbieten!
Herr Zissbibeldip: Das Essen nicht! – Über Ihr Schmatzen hab' ich mich aufgeregt, und das mit Recht!
Valentin (niesst)
Herr Zissbibeldip: Zum Wohl! – Gesundheit! – Helf Gott!
Valentin: Was wollen Sie mit der dummen Bemerkung?

Herr Zissbibeldip: Nun ja, wenn jemand niesst, so sagt man zu demjenigen, der genossen hat: Gesundheit!
Valentin: Das finde ich aber sehr komisch! Zu einem Nasengeräusch, das eigentlich nicht sehr hygienisch ist, sagen Sie: Gesundheit! und über das Schmatzen beim Essen regen Sie sich auf.
Herr Zissbibeldip (tut soeben einen Schnackler): Hupp! – Verzeihung!
Valentin: Was soll ich denn verzeihen?
Herr Zissbibeldip: Hupp! (Schnackler) Sie sollen mir verzeihen, weil ich einen Schnackler getan habe.
Valentin: Schnackeln Sie ruhig weiter, ich bin ja nicht so kindisch wie Sie, dass ich mich über Ihren Schnackler aufrege. (Lässt einen sogenannten Magenkopper).
Herr Zissbibeldip: Na hören Sie, alles was recht ist! Benehmen Sie sich doch am Biertisch anständig!
Valentin: Ich habe mich ja über Ihren Schnackler auch nicht aufgeregt. Was kann ich denn dafür, wenn ich eine Magenblähung habe, das ist doch nur überflüssige Luft!
Herr Zissbibeldip: Lassen Sie Ihre Luft ausströmen wo Sie wollen, aber nicht in meiner Gegenwart; merken Sie sich das für die Zukunft!

Wie Valentins älteste Tochter Gisela in ihren Erinnerungen berichtet, »schlürfte Valentin infolge seines hastigen Esstempos gelegentlich recht hörbar«. Es ist nicht auszuschließen, dass es diese Selbsterfahrung war, die ihn zu dem Dialog »Geräusche« anregte.

Von Tassen, leeren Maßkrügen und Zahnstochern

In einem Café bestellte Valentin eine Tasse Kaffee. Als ihm das Gewünschte gebracht wurde, fragte er: »Haben Sie koa größere Tass? Und außerdem mag ich keine Tasse, wo der Henkel an der rechten Seite ist.«

Als Valentin beim Stammtisch einmal seinen Maßkrug geleert hatte, schaute er lange in den Krug und meinte dann: »Und da behaupten die Gelehrten, es gäbe keinen leeren Raum.«

Selbst Zahnstocher, die Valentin nach dem Essen benutzte, erregten immer wieder seine Aufmerksamkeit. Man erzählt, er habe sie aus Sparsamkeit nicht weggeworfen, sondern daheim in seiner Werkstatt abgehobelt, sodass er sie dann ein zweites und vielleicht sogar drittes Mal verwenden konnte. Dazu passt auch die von ihm formulierte Zeitungsanzeige:

> Alte benutzte Zahnstocher
> werden wie neu, durch meinen elektr.
> Patent – Zahnstocherhobel – »Fix«
> Preis 80 Mark
> Maschinenfabrik Mayer und Co.

Seiner Frau schlug Valentin auch einmal vor, sie könne die benutzten Zahnstocher doch mit dem Scheuermittel Ata putzen, sodass man sie mehrmals wiederbenutzen könne.

In dem berühmten Stück »Der Firmling« sitzt Valentin mit seinem Firmling Pepperl im Restaurant. Beide sind vergnügt und singen: »Schön ist die Jugend, bei frohen Zeiten, schön ist die Jugend, sie kommt nicht mehr!«

Schon reichlich angetrunken will Valentin nach dem Schnapsglas greifen, erwischt aus Versehen aber die Dose, in der die

Zahnstocher stecken. Als er sie zum Mund führt, bohren sich die Zahnstocher in seine Nasenspitze. Mit lautem Wehgeschrei wendet er sich hilflos an Pepperl, der ihm die Zahnstocher einzeln aus der Nase zieht. »Wie kannst du denn die Zahnstocher daher stellen«, wirft ihm Valentin vor. »Wenn i a Bluatvergiftung kriag und mir wird die Nasn weggschnittn, mit was schneuz i mi dann?!«

»Da kann doch ich nix dafür«, ruft Pepperl, »für was muaßt du dei Nasn überall drin haben.«

Nun reibt sich Valentin die Nasenspitze mit Schnaps ein. »Jessas, brennt des!«, schreit er auf. Doch Pepperl will sich an seinem Firmtag die Laune nicht verderben lassen und singt: »... drum sag i's noch einmal ...«

Bevor er »... schön ist die Jugendzeit« ergänzen kann, stößt ihn Valentin wütend vom Stuhl herunter und schreit: »Fangt er immer wieder an mit seiner saudummen Jugendzeit.«

Pepperl mosert erbost gegen den Vater, der ihn anbrüllt: »Setz di her da! Setzt dich glei her? – Du Hundling?«

»Brauchst mi a net glei nunterwerfn«, klagt Pepperl, »i hab di aa net nuntergschmissn!«

»Des kommt scho no – setz di her«, schreit Valentin, der sich erst nach und nach wieder beruhigt.

Servietten, wenn keine da sind

Was macht man nach dem Essen? Man wischt sich mit der Serviette den Mund ab. Was aber tut man, hat man keine Serviette zur Hand? Valentin hatte diesbezüglich vier nachahmenswerte Vorschläge, wie mir seine Enkelin Anneliese Kühn mitteilte. »Zum einen kann man sich ja mit dem Handrücken der linken Hand über den Mund fahren und wenn das nicht ausreicht, dann auch noch mit dem Rücken der rechten Hand. Geeignet sind auch Hemdsärmel. Besonders raffiniert und unauffällig ist es, wenn man sich bei der Köchin für das gute Essen herzlich bedankt und ihr als Anerkennung auf die rechte und linke Wange einen innigen Kuss drückt.« Eine besonders ungewöhnliche Serviette benutzte Valentin im Gasthof »Stubenvoll«: »Einmal gab es geschnittene Nudelsuppe«, so erzählte er. »Aber die meine war kochend heiß und von den länglichen dampfenden Nudeln blieben mir schon beim ersten Löffel welche an den Lippen hängen. ›Heiß!‹ schrie ich, ›oha!‹ und wollte mir das verflixte Zeug schnell mit einer Serviette vom Munde wegwischen. Es war aber keine am Tisch. Da sah ich am Boden zwischen den Tischbeinen den langhaarigen, schneeweißen Zwergpintscher meines Freundes, des Pianisten Josef Ortner. Dieses Viech glich seinem Aussehen nach mehr einer Portion Putzbaumwolle als einem Hund. Den packte ich und putzte mir damit den Mund ab. Das war im Jahre 1906, da wusste noch keiner etwas von Charlie Chaplin.«

Vom Weinbeissn

Valentin bedauerte, dass in den Alpen kein Wein wächst. »Berge hätten wir genügend«, meinte er. »Aber keine Weinberge – nur Schneeberge. [...] Ich hätte nun eine gute Idee: Wir müssten den Schnee auf den Bergen wegräumen und dafür Wein pflanzen. Aber, ich glaube, es hätte doch keinen Sinn, dies zu tun, denn setzen wir den Fall, es wäre gerade Weinernte und es würde circa acht Tage lang schneien, sodass der Schnee meterhoch tief auf den Bergen läge, so müssten sich die Erntearbeiter sofort auf Schneeräumer umstellen und den Schnee aus den Weintraubenreben herausschaufeln. Dass aber durch die schweren eisernen Schneeschaufeln Millionen von Trauben ruiniert werden würden, liegt klar auf dem Fuß, vielmehr auf der Hand. Man sieht hieraus ganz deutlich, dass man auch da und hie keine gute Idee haben kann.«

Aus diesem Grund neidete Valentin den Österreichern ihren Wein, vor allem, als es nach dem Zweiten Weltkrieg in Deutschland und Bayern kaum einen gab. »Finden Sie das nicht auch lächerlich«, fragte er in einem Radio-Sketch Liesl Karlstadt. »Dass die Österreicher den Wein beissen? Zum Beissen gehören, wie bekannt, gute Zähne. Es gibt ungefähr sieben Millionen Österreicher – Von denen haben vielleicht nur die Hälfte gute Zähne – die andere Hälfte kann also den Wein nicht beissen. – Stellen Sie sich vor, wenn die uns nur den Wein geben würden, von denen, die den Wein wegen ihrer schlechten Zähne nicht beissen können, dann hätten wir doch auch mal wieder einen Wein und wenn wir auch den nicht beissen täten, wir wären ja froh, wenn wir mal endlich wieder einen zum Saufen hätten.«

»Grösste Kartoffeln und Limburger Käs«

Auf der Bühne erzählte Valentin einmal von einem recht abenteuerlichen Ausflug, bei dem er zum Mittagessen in eine Wirtschaft einkehrte. Er bestellte sich »einen Kalbsbraten mit gerösteten Kartoffeln; derweil bringt mir die Kellnerin einen Kalbsbraten mit so großen Kartoffeln. Ja, sag ich, ich hab doch g'röste bstellt, ja, sagt sie, dös san die ›größten‹, wo wir habn«.

Am nächsten Tag habe er dann mit ein paar anderen Leuten eine Bergpartie unternehmen wollen. Wir haben uns »glei für den ganzen Tag was zu Essen mitgnommen und sind zu einem Käshändler neiganga und habn uns um 8 Mark an Lineburgerkäs kauft, an ganz weichen, da habn wir so an großen Papiersack voll kriegt um 8 Mark, den habn wir zu viert raustragn, den Papiersack; kaum sind wir auf der Straß' gwesen, reißt der Sack, rinnt der ganz Lineburger aus, und – und fängt zu laufn an. Ich und zwei Radfahrer sind dem Lineburger nach, meinen Sie, wir hätten den Lineburger noch erwischt? D' Straßn hat ausgschaugt wie d' Lüneburger Heide; na, wir sind dann aufn Berg naufgstiegn, wie wir am Gipfel drobn sind, tritt plötzlich eine Sonnenfinsternis ein und wir müssen im Finstern wieder runter gehn. Auf einmal falln wir in eine Schlucht hinunter und können nicht mehr rauf. Wo nun eine Leiter hernehmen? Auf einmal nach langem Hin- und Her-Besinnen fällt uns ein, daß wir unter unserer Gesellschaft einen Opernsänger haben, der hat dann die Tonleiter gesungen, wir sind auf dieser Leiter naufgstiegn und waren gerettet«.

»Express Kaffee« oder im »Güterzugkaffeehaus«

Was Valentin in einem Café beim Münchner Hauptbahnhof passierte, schilderte er in dem folgenden Bericht.

»›Express‹ heisst schnell – und schnell heisst – mir pressiert es – und wenn es einem pressiert, so hat man es eilig – und ›eilig‹ heisst wieder ›geschwind‹ – und geschwind wollte ich mir in der Nähe des Hauptbahnhofes München vor Abfahrt meines Zuges noch eine Tasse Kaffee kaufen: ›Bohnenkaffee‹, denn es war ja anno dazumal im Jahre 1937.

An einer Strassenecke schillerte mir ein silbernes Schild entgegen: ›Express Kaffee‹. Flux hinein – hingesessen – Ober! Schnell eine Tasse Kaffee – aber der Ober hat meinen Ruf, scheint es, nicht gehört, denn im ›Express-Kaffee‹ fauchten, zischten und dampften zwei vernickelte Dampfkessel, die auf dem Büffet standen, die Maschinistinnen, die diese beiden Expressdampfkaffeelokomobilen bedienten, drehten Wechsel auf und zu, schoben leere Kaffeetassen hin und her, drehten an Rädern herum und ich hätte stundenlang Lust gehabt, zuzuschauen, wenn ich Zeit gehabt hätte. – Meiner Schätzung nach hatte ich den Ober circa 10 Mal gerufen: ›Ober, schnell eine Tasse Kaffee; ich muss zum

Zug!‹ Und ebenso oft erhielt ich das Echo ›Sofort, mein Herr!‹ – Zwei Expressdampfmaschinen und nur ein Ober! So ein Betrieb kann nicht funktionieren – eher zwei Ober und nur ein Expressdampfkessel. – ›Ober‹, rief ich, ›ich habe höchste Zeit‹ – und endlich stand nun die erwünschte Tasse Kaffee vor mir auf dem Marmortischchen. Aber nun war es zu spät. Den Expresskaffee schnell auf einen Schluck hinunterzuschütten war unmöglich, denn dieser sprudelte noch vor Heissigkeit. – Ich hätte ja nochmal 10 Minuten warten müssen, bis der Expresskaffee trinkhaft gewesen wäre. Ich zappelte vor Nervosität beim Zahlen des nichtgetrunkenen Expresskaffees und nahm mir aber trotzdem noch einige Minuten Zeit, die ich noch übrig hatte, dem Ober zu erklären, dass das kein ›Expresskaffeehaus‹, sondern ein ›Güterzugkaffeehaus‹ ist. Aber Gottseidank gibt es in München doch noch einige ›wirkliche Expresskaffeehäuser‹. Um nur eines zu nennen: ›Das alte Kaffee Gröber am Viktualienmarkt‹; da geht man hinein, – setzt sich nieder und schon kommt eine Kaffeekellnerin mit zwei grossen Kannen auf Dich zu – fünf, sechs, leere Kaffeetassen stehen schon auf dem Tisch bereit – sie fragt Dich: ›Hell oder dunkel‹,– schüttet Dir die Milch und den Kaffee zugleich in die Tasse, wie Du dir gewünscht hast und alles das in einer Zeit von wenigen Sekunden. – Das ist Tempo!!! – Und auf dem Firmenschild dieses Geschäftes steht nur mit einfachen Buchstaben: ›Kaffee Gröber‹.«

Missbrauchte Biomalzbüchse

Biomalz, den dickflüssigen, dunkelbraunen Sirup aus Gerste, schätzte auch Karl Valentin gelegentlich als Kraftspender, Appetitanreger und Nervennahrung. Wenige Löffel des braunen Getränks verhindern bekanntlich Energiemangel, Nervosität und Unruhe und unterstützen die körperliche Leistungsfähigkeit.

Nach dem Ersten Weltkrieg wurden Valentin und Liesl Karlstadt in die Schweiz in die Bonbonniere in Zürich engagiert. Da die Gage märchenhaft war, sagte Valentin zu, auch wenn der Weg nach Zürich für ihn eine Weltreise darstellte. Wie oben erwähnt – siehe die Episode »Das stürmische Bier« –, wurde die Überfahrt mit dem Schiff auf dem Bodensee wegen eines Gewittersturms für Valentin zum Fiasko und er glaubte schon, seine letzte Stunde sei gekommen. Zum Glück kamen er und die Karlstadt aber heil an und wurden vom Schweizer Publikum stürmisch gefeiert.

Die Gage ließen sich die beiden dann in Goldfranken auszahlen, da Valentin der Schweizer Währung nicht sonderlich traute. »Als wir jedoch erfuhren«, so erinnerte sich die Karlstadt, »dass an der Grenze die Goldstücke abgenommen werden, bekam es Valentin mit der Angst. Da kam ihm die rettende Idee! Er versteckte unsere Goldstücke in eine halbgeleerte Biomalzbüchse, indem er das Gold durch den Schlitz einwarf. Und man hörte beim Schütteln auch kein Scheppern mehr. ›Liesl, schwör mir, dass Du Niemanden was sagst, von unserem Goldversteck«‹, so flehte Valentin seine Partnerin an. »Bei der Heimfahrt an der Grenze hat uns keiner gefragt«, so die Karlstadt, »und alles ging gut. Im bayrischen Zug stiegen noch zwei Kollegen zu uns, wir waren eine lustige Gesellschaft. Plötzlich brauchte Valentin etwas aus seiner alten vom Vater geerbten Reisetasche. Da drinnen war ausser der Biomalzbüchse eine unzählige Menge von Medizinfläschchen, Pillen und Asthmamitteln. Beim Umsteigen muss die Biomalzbüchse umgefallen sein, denn das Innere der Tasche war geradezu besudelt mit Malz. Ich stellte lautlos die Biomalzbüchse auf das Coupétischerl, dazu einige Medizinflaschen. Alles pappte – alles tropfte. Unser elegant gekleideter Mitreisender rief entsetzt: ›Hinaus, Sie sind ein unangenehmer Fahrgast – mein schöner Anzug.‹ Und weil mir das unangenehm war, packte ich ein unbedeutendes Flascherl und sagte: ›Jetzt sind wir sogleich in München, da brauchst die Medizin nimmer‹, und warf das Flascherl zum Fenster naus. Anschließend ruft der elegante Kollege: ›Werfen S' doch die pappige Büchsen [auch hinaus]‹, packt sie und will sie zum Fenster schwingen. Valentin in höchster Not schreit: ›Halt, meine Goldstückerl!‹ Um ein Haar hätte er auch noch die Notbremse gezogen.«

Wurstbrot und Semmel

Einmal bestellte sich Valentin in einer Wirtschaft ein Leberwurstbrot. Nach dem ersten Bissen legte er das etwas eigenartig schmeckende Brot zur Seite, rief die Bedienung und meinte: »Ich wollt eigentlich koa beleidigte Leberwurst habn.«

In einer anderen Wirtschaft bekam er einmal eine alte Semmel angeboten. Da fragte er die Bedienung: »Fräulein, wo liegt eigentlich der Ostfriedhof?« Die junge Frau erklärte ihm den Weg dorthin ganz genau, meinte aber, dass heute ein Besuch bereits zu spät sei, da der Friedhof in Kürze schließen würde. »Dann muaß i halt morgn higehn«, meinte Valentin. »Ich möcht' nämlich des Grab von dem Bäcker sehn, der die Semmel backen hat.«

Klagelied einer Wirtshaussemmel

Vor dem Brot und den Semmeln, die in Gasthäusern häufig auf dem Tisch stehen, ekelte sich Valentin, sodass er seiner recht widersprüchlichen Einstellung zu Semmeln Ausdruck verlieh, indem er eine dieser bedauernswerten Wirtshaussemmeln das folgende Klagelied anstimmen ließ:

»Nicht jede Semmel hat so ein schweres Dasein als gerade wir Wirtshaussemmeln. Eine Privatsemmel z. B. wird beim Bäcker gekauft, heimgetragen und meistens gleich gegessen. Aber wir

Wirtshaussemmeln und meine Kolleginnen, die Römischen Weckerln, die Loabeln und die herunter geschnittenen Hausbrote, wir haben meistens ein ekliges Dasein, bis wir von den Menschen verspeist werden.

Es hat sich ja einmal der Magistrat um uns gekümmert und hat in jeder Wirtschaft kleine Tafeln anbringen lassen, mit der Inschrift: ›Das Betasten der Nahrungsmittel zum Zwecke ihrer Prüfung ist verboten.‹ Aber darum kümmert sich heute keine Sau mehr, viel weniger ein Mensch. Nicht genug, daß wir gleich nach unserer Erschaffung aus Mehl und Wasser sofort ins Krematorium kommen, werden wir, wenn wir fertig gebacken sind, von rohen Bäckerlehrbuben in die Lieferkörbe geworfen, diese Körbe werden wiederum unsanft ins Lieferauto geschwungen, und im 60 km Tempo rasen wir armen Semmeln dem Restaurant oder Gasthof zu, in welchem wir heute noch verspeist werden sollen.

Nicht jeder Semmel blüht dieses kurze Dasein, wie einer sogenannten Eintagsfliege. Manchen Semmeln geht es wie den alten Jungfrauen. Sie bleiben über, wenn auch nicht so lange. Nach Wochen und Monaten kommen wir in eine vielschneidige Guillotine (Knödelbrotschneidemaschine genannt), werden zu Scheiben geschnitten und bilden den Bestand der berühmten bayerischen Semmelknödel. Aber wie traurig und dreckig geht es uns armen Wirtshaussemmeln. Wir werden von den Kassierinnen (früher Kellnerin) in aller Frühe ins Brotkörbchen gelegt und auf den Tisch gestellt. So – und nun sind wir der sogenannten Hygiene unterworfen.

Zum Frühschoppen kommt schon um 10 Uhr direkt vom Bahnhof die Familie Huber aus Neuburg. Sie setzen sich alle an den Tisch, und Frau Huber entnimmt gleich dem Brotkörbchen ausgerechnet ›mich‹, drückt mir den Brustkorb ein und sagt zu ihrem Mann: ›Anton, guck mal, fühl mal das Brötchen an, wie weich das ist. Hier in München ist das Brot nicht so knusprig gebacken, wie bei uns in Neuburg.‹ Herr Huber hatte keine Zeit, mich gleich zu drücken, er hatte sich mit seinem

Taschentuch eben die Nase geputzt, und erst, nachdem er dieses eingesteckt hatte, nahm er mich in die Hand, drückte mich zusammen, daß ich beinahe aussah, wie ein Pfannkuchen, legte mich wieder in das Körbchen und sagte: ›Du hast recht, liebe Kreszenz, die Brötchen sind hier scheinbar alle so weich‹ – indem er sich auch davon überzeugte, und eine Semmel nach der andern zerdrückte. Mit gebrochenem Brustkorb lagen wir Semmeln im Körbchen. Herr und Frau aßen ihre Weißwürste, welche ihnen scheints auch nicht besonders schmeckten, aber die mußten sie ja schließlich essen, weil sie dieselben bestellt hatten. Wir Semmeln stehen aber unbestellt am Tisch, mit uns kann ja jeder tun und lassen, was er will.

Nach der Familie Huber nahm ein alter Herr, der zwar sehr gut gekleidet war, aber trotzdem einen riesigen Schnupfen hatte, an dem Tische Platz. Oweh, dachte ich Semmel, der wird mich und meine Kolleginnen wohl nicht anniesen – gesagt-getan – einige Dutzend Male ging ein kräftiges Hah–zieh über uns Semmeln nieder, begleitet von einem heftigen Bakteriensprühregen. Wir ertrugen gerne diese Schmach des Angespucktwerdens, uns war es nur um die armen Menschen leid, die nach dieser Sauerei vom Schicksal an diesen Tisch geführt werden. Der alte Herr aß, trank, zahlte, nieste und ging.

Eine Mutter mit vier Kindern waren die Nächsten. Wir Semmeln zitterten, als wir die vier Kinder an den Tisch kommen sahen. ›Mutter, Mutter – darf i mir a Semmel nehmen?‹, schrie es durcheinander und wie Siouxindianer überfielen die Buben das Brotkörberl, welches dem Ansturm nicht standhielt und über den Tisch hinunter kollerte, und natürlich wir Semmeln auch. Die Mutter schalt leise: ›Glei klaubts die Semmeln auf und tuts wieder ins Körberl neilegn schö, daß niemand siecht, dö Semmeln genga euch gar nichts an, mir bstelln uns Brezen.‹

Zerdrückt, beschmutzt lagen wir vier Semmeln wieder ungegessen im Körbchen. ›Was wird aus uns noch werden?‹, dachten wir. Da kamen die vielen Mittagsgäste, schauten uns verächtlich an und bestellten sich anderes Brot, aber direkt vom Büfett. Wir Semmeln sahen selber ein, daß wir zu unappetitlich aussahen, um verspeist zu werden. Keiner von den vielen Mittagsgästen wollte von uns was wissen – wir blieben auf dem Tisch stehen, obwohl wir fast von allen Gästen berührt, zerdrückt und angehustet wurden.

Bis der Abend kam, bis die Nacht kam – und schon gleich die Polizeistunde, da kam noch schnell ein Liebespaar geschlichen, setzte sich an den Tisch und trank mitsammen ein Glas Bier. Sie hatten auch noch Hunger – aber nicht viel Geld. Wie wärs mit den vier Semmeln? Indem sich beide verliebt in die Augen sahen, aßen sie dazu – uns vier Semmeln. Die beiden hatten gar nicht bemerkt, wie wir aussahen, denn Liebe macht blind.«

Ober, bitte zahlen!

In seinem Film »Ober, bitte zahlen!« spielt Valentin einen armen Schlucker. Völlig heruntergekommen und verhungert sitzt er in einem Bierrestaurant und bestellt sich das Billigste, was es in dem Lokal zu essen gibt: natürlich Erbsensuppe mit Wursteinlage. Die Speisekarte mit den für ihn unerschwinglichen Genüssen der Gastronomie hat er fast auswendig gelernt, aber er weiß: Das sind lauter unerfüllbare Wunschträume.

Am Nebentisch sitzt ein Mann, der ebenfalls Erbsensuppe isst, plötzlich aber empört den Ober ruft. Er hat in der Suppe nämlich eine Fliege gefunden und weigert sich deshalb, weiterzuessen, nachdem er mit dem Löffel das Tierchen aus der Suppe gefischt hat. Der Ober entschuldigt sich vielmals und bringt dem empörten Gast einen vollgefüllten neuen Teller Suppe mit gehäufter Wursteinlage.

Valentin hat das beobachtet. Er hat noch einen kleinen Rest Suppe auf seinem Teller – da kommt ihm eine Idee. Er geht zu dem Mann und fragt ihn höflich: »Verzeihen der Herr, ist die Fliege frei?« Da sie noch frei ist, geht Valentin an seinen Tisch zurück, um mithilfe der toten Fliege auch zu einem neuen Teller Suppe mit Wursteinlage zu kommen.

Doch schon sieht er eine noch viel bessere Chance, zu einem guten Essen zu kommen. An der Tür spielt sich nämlich ein kleines Drama ab. Ein anderer Gast, der anscheinend gut gegessen hat, kann seine Zeche nicht bezahlen. Der Oberkellner macht kurzen Prozess. Er packt den Zechpreller resolut beim Kragen und tritt ihm mit aller Wucht ins Hinterteil, sodass der Mann durch die Tür auf die Straße fliegt, womit offenbar das Mittagessen bezahlt ist.

Für den ausgehungerten Valentin ist dieser Mann ein nachahmenswertes Vorbild. Er verlangt vom Ober erneut die Speisekarte, überfliegt genießerisch die reiche Skala der verschiedenen Gerichte und bestellt schließlich eine große Portion Gänsebraten, dazu natürlich eine Maß Bier und als Nachtisch einen Eisbecher »nach Art des Hauses«. Der Ober reißt sich jetzt um diesen anscheinend zahlungskräftigen Gast, auch wenn der nicht gerade sehr wohlhabend aussieht. Nach dem opulenten Mahl und dem Eis bestellt Valentin noch einen doppelten Kognak, natürlich einen französischen, dazu eine Havanna-Zigarre und ein Löffelchen Natron wegen der Verdauung. Die Gans war doch ein wenig fett. Erst nach zwei weiteren Maß Bier schaut er befriedigt in die Runde. Inzwischen ist das Lokal fast leer geworden. Valentin nimmt seinen Hut, geht zur Ausgangstür, streckt dem Ober sein Hinterteil entgegen und ruft: »Ober, zahlen bitte!«

Bräuhaus-Idyll

Für einen Film mit dem Titel »Bräuhaus-Idyll« hatte Valentin die folgende nahrhafte Idee:

Der wohlhabende Kunstmaler Tiefenbacher sitzt im Münchner Hofbräuhaus am Platzl bei einer Maß Bier und beobachtet den armen Dienstmann Wimmer, der sich kein Essen leisten kann. Da erfasst ihn Mitleid mit dem Mann und er ruft die Kellnerin Resi. Er sagt ihr, sie solle dem armen Schlucker dort drüben ein ordentliches Essen kredenzen und auch eine Maß Bier bringen. Er würde die Zeche schon bezahlen. Er bittet die Kellnerin jedoch, dem Dienstmann nicht zu verraten, dass er der edle Spender sei. Stattdessen soll sie behaupten, dass heute der Jahrestag für die Dienstmänner in München sei und dass heute deshalb alle Dienstmänner, die ins Hofbräuhaus kommen, kostenfreie Zeche haben. Ein reicher, wohltätiger Amerikaner habe das gestiftet.

Resi willigt ein und serviert dem armen Wimmer ein köstliches Mahl: einen Schweinsbraten mit Knödel, dazu eine Maß Bier und außerdem eine Zigarre. Als der auf seine Frage nach dem edlen Spender von ihr hört, dass die Münchner Dienstmänner im Hofbräuhaus heute freigehalten werden, radelt er natürlich sofort zu allen Dienstmann-Standplätzen in der Stadt und verkündet diese frohe Botschaft allen seinen Kollegen, worauf an die 50 Dienstmänner ins Hofbräuhaus stürmen und ebenfalls kostenlos essen und trinken wollen.

Damit hat Herr Tiefenbacher aber nicht gerechnet. Entsetzt über das, was er da angerichtet hat, will er sich heimlich zurückziehen. Doch die Dienstmänner, die nun die Wahrheit erfahren und erbost sind, dass sie zum Narren gehalten wurden, fallen über ihn her und verprügeln ihn. Mit der Erkenntnis: »Undank ist der Welten Lohn«, flüchtet Herr Tiefenbacher aus dem Hofbräuhaus – und erwacht schweißgebadet in seinem Bett, denn zum Glück war alles nur ein Traum.

Leider wurde der Film »Bräuhaus-Idyll« nie gedreht.

DIE KARL-VALENTIN-DIÄT

Wie könnte eine »Karl Valentin-Diät« aussehen, so fragte vor einigen Jahren eine Zeitung die Leser. Unter den eingesandten Vorschlägen befanden sich folgende:

Hänge Dir ein Bild von Valentin an die Kühlschranktür, auf welcher der Komiker als zaundürrer Herkules oder als klapperdürrer Friedensengel zu sehen ist. Betrachte das Bild eine Minute und dann dich im Spiegel und lass dann den Kühlschrank besser zu.

Ein anderer Vorschlag lautete:

Meine Valentin-Diät: Willst du dir den Tag versauen,
musst du auf die Waage schauen.
Willst du es noch schlimmer machen,
probier mal deine alten Sachen.
Beides solltest Du vergessen
und stattdessen weiteressen.

Aber welche Diät hätte Valentin einem nun wirklich geraten? Als seine Regensburger Enkelin Helmi einmal gleich nach dem Abendessen zu Bett gehen wollte, sagte Valentin zu ihr: »Helmi, du musst ja fett werden; denn du machst es wie die Säue: fressen und schlafen und sonst nix.« Aus dieser Äußerung soll sich dann folgender Diätvorschlag Valentins ergeben haben:

Hast du Hunger, sollst du essen,
dabei aber nie vergessen,
dich danach fest zu bewegen
und nie ins Bett dich gleich zu legen,
sonst nimmst du, glaube mir, rasch zu
und bist ein fettes Schwein im Nu.

War Valentin Vegetarier oder Veganer?

Das könnte man glauben, wenn man sich Valentins extrem dürre Gestalt vor Augen führt. Doch beides war Valentin nicht. Im Gegenteil, er war sozusagen ein Allesfresser. »Das einzige, was mich an Afrika interessieren tät«, sagte er einmal, »wär ein vegetarischer Menschenfresser.«

Der Menschenfresser, Ausstellungsstück in Karl Valentins Panoptikum

In seinem Dialog »Hohes Alter« unterhält sich Valentin mit einem »Vegetarianer«, der kein Fleisch isst, keinen Alkohol trinkt, auch keinen Kaffee und keinen Tee wegen dem Koffein und dem

Teein, sondern nur »Limonade, Kräutertee, Quellwasser usw.« Er geht zum Essen nur in vegetarische Restaurants, lehnt auch Brot ab, wegen dem »Brotin«. Er raucht nicht und hat auch keine Frauengeschichten.

Valentin: Sie wollen also von all den Genüssen des Lebens nichts wissen, weil sie eine Gefährdung für Ihr Leben fürchten?
Vegetarianer: Ja.
Valentin: Da kann ich Ihnen aber ein Beispiel geben von meinem Freund, dem Meitinger Toni, der allerdings erst kürzlich gestorben ist. 89 Jahre alt ist er geworden; ein lustiger Tropf war er, der sein Leben genossen hat, und recht hat er g'habt! Unzählige Riesenräusch hat er schon hoamtrag'n in seinem Leb'n!
Vegetarianer: So! 89 Jahre wurde der Mann nur alt? Der hat jedenfalls mit Wein, Weib und Gesang zu viel gesündigt!
Valentin: Ja, ja, seit seinem 20. Lebensjahr bis zu seinem 89. hat er von den Lebensgenüssen, solange es eben gegangen ist, Gebrauch gemacht. Bis kurz vor seinem Tode hat er noch Virginia geraucht! Und vom Hoamgeh'n war er gar koaner; draht hat er, wia der Lump am Stecka, wie man so sagt. Und die Weißwürst und Kalbshaxen, die der Mann schon verschlungen hat in seinem Leben! Wieviel Ochsen, Kälber und Säu wird er schon vertilgt hab'n in seinem langen Leben! Und wieviel Fässer Bier wird er schon geleert haben! Und allaweil war er g'sund und lustig!
Vegetarianer: Na ja, aber stellen Sie sich vor, wenn der Mann von Jugend auf statt dem vielen Bier nur reines Quellwasser und Minzentee getrunken hätte und den Weibern fern geblieben wäre und in seinem Leben nie geraucht hätte und statt den Weißwürsten und Kalbshaxen nur vegetarisch gelebt hätte, in der Früh Gymnastik getrieben hätte in Licht, Luft und Sonne, dann wäre er statt 89 vielleicht 90 Jahre geworden. Der Mann ist selbst schuld an seinem frühen Tod!

Warum war Valentin so mager?

Zu Liesl Karlstadt sagte Valentin nach dem Zweiten Weltkrieg: »Schau ich hab' vor dem Krieg 115 Pfund gewogen – heut wieg ich kaum mehr 98 Pfund. Ich war zwar schon einmal bis auf 6 Pfund herunten – allerdings war das 1882 – gleich nach meiner Geburt.« Valentins Gewicht betrug also zwischen 57,5 und 49 Kilo und damit war er also untergewichtig. Er sah sich selbst »als Sinnbild der Fettlosigkeit« und meinte: »Fettlosigkeit ist mein Glück! Knochenlosigkeit wär mein Unglück, da wär ich überhaupt nicht mehr da!« Warum aber war Valentin so extrem schlank?

Für Magersucht gibt es mehrere Gründe. Manche essen zu wenig, anderen schmeckt es nicht oder sie machen zu viel Sport. Zu dieser Sorte von Mageren gehörte Valentin nicht. Dann gibt es natürlich Krankheiten, so etwa eine Schilddrüsenüberfunktion oder Diabetes Typ 1, die dazu führen, dass der Stoffwechsel so erhöht ist, dass der Mensch nicht mit dem Essen hinterherkommt. Ob Valentin darunter litt, ist nicht bekannt. Allerdings hatte er Asthma und rauchte sehr viel. Vielleicht lag bei ihm auch eine genetische Veranlagung vor. Wer davon betroffen ist, der speichert die Nahrung nicht als Fett ab, sondern wandelt sie gleich in Wärme um. Evolutionstechnisch betrachtet sind genetisch veranlagte Menschen also schlechte Futterverwerter, weil ihr Körper kein Depot für schlechte Zeiten anlegen kann. Sie können so viel essen, wie sie wollen, ohne dick zu werden.

Von seinem Körperbau her war Valentin ein Astheniker. Dieser Menschentyp ist von Natur aus mager. Astheniker besitzen lange und dünne Arme und Beine, einen relativ langen Hals und einen schmalen, flachen Brustkorb. Nicht nur körperlich, sondern auch seelisch sind sie recht empfindlich und sprunghaft. Valentin hatte aber auch das Temperament eines Sanguinikers, war lebhaft, beweglich und leichtblütig. Vom Choleriker hatte er die leidenschaftliche, aufbrausende, mitunter auch jähzornige und unbeherrschte Art und vom Melancholiker das schwermütige und oft auch trübsinnige und pessimistische Wesen. Damit war Valentin ein »asthenischsanguinischcholerischer Melancholiker«, von denen es auf der Welt nur ganz wenige Exemplare gibt.

In seinen Auftritten kokettierte Valentin fortwährend mit seinem Leichtgewicht und trat schon als junger Humorist als »Skelettgigerl« auf, also gleichsam als lebende Karikatur. Sein Freund und langjähriger Begleiter Ludwig Greiner hatte ihm geraten, sein dünnes, schlaksiges Körpergestell zum Mittelpunkt seiner Komik zu machen.

Die Magerkeit wurde so Valentins Markenzeichen, die er noch mit zu kurzen, zu engen Anzügen und übergroßen Schuhen betonte. Dazu sang er dann gerne Klagelieder über seine extreme Magerkeit, so etwa das folgende mit dem Titel »Ich bin ein armer, magerer Mann«. Seine Devise aber war: so viel essen, wie man nur kann, weil man davon ohnehin nicht dick wird. Auf der Bühne aber präsentierte er dem Publikum gerne sein Klagelied:

Ach, es ist doch schrecklich,
Wenn der Mensch recht mager ist;
Ich bin mager, welche Pein,
Mager wie ein Suppenbein. –

Valentin als Skelettgigerl

»Was muß denn ich verbrochen haben, daß mich die Natur gar so grauslich zamg'richt hat. Ich versteh' das nicht, in unserer Familie kann das unmöglich liegen, denn mein Vater wiegt über drei Zentner, meine Mutter über zwei Zentner und meine Schwester hat einen Bahnexpeditor geheiratet, und gerade ich muß so mager sein.

Ja, jetzt tut's es ja noch, aber früher solln S' mich gsehn habn, gleich nach der Geburt, da hab ich ausgschaut wie a Salami. Darum hab' ich auch als kleins Kind keine Wiege gebraucht, mich hat meine Mutter ganz einfach in einen Lampenzylinder neingsteckt und hat mich am Tisch umhergewalkerlt, so mager war ich.

Und trotzdem is mein Vater stolz auf mich, der mag die fetten Kinder selber nicht und grad deshalb, weil ich so mager bin, drum ›mager‹ mich so gern. Er sagt ›Vetter kann ich immer noch werdn, wenn amal mei Schwester heirat.‹ Einmal bin ich in einem Kaffeehaus an einem Billard dort gelehnt und weil ich so mager bin wie ein Stock und weil ich am Billard dortglehnt bin, jetzt hat einer glaubt, ich bin der Billardstock. Aber die größte Gaudi war das, wie ich zur Musterung gehen hab' müssen, also habn die da drobn a Gaudi ghabt, wie s' mich gsehn haben.

Net, und ich hab' doch, wenn ich ausgezogen bin, so Rippen da rüber, quer rüber – mich hat halt früher meine Mutter immer zum Meerrettichreiben hergenommen. – Kurz und gut, wie die mich gsehn habn, habn s' gsagt: ›Ja Kerl, Sie kommen ja daher wie a Bahnwärterhäusl aus Wellblech.‹ – Aber trotzdem, daß ich so gebaut war, habn s' mich nicht genommen zu den Soldaten, nicht amal zum Militär habn s' mich brauchen können.

Natürlich bin ich auch furchtbar leicht; wenn ich z. B. in einem Restaurant sitz und da Wirt reibt an Ventilator auf; da muß ich mich immer am Tisch anbinden, daß 's mich net ins Röhrl neizieht.

Dann hat amal einer zu mir gsagt: ›Sie sind schon wirklich

a gräuslicher Kerl, Sie können Ihnen jetzt schon in der Anatomie verkaufen‹; dann bin ich auch hingegangen zu dem Anatomieprofessor und hab mich offeriert, nun hat er gsagt: ›Was verlangen S' denn für Ihnen?‹

›Ja‹, sag' ich, ›unter 80 Mark kann ich mich nicht hergebn, weil auf 50 Mark komm' ich mich ja selbst.‹

›Ja‹, sagt der Herr Professor, ›wie können Sie das behaupten, daß Sie 50 Mark wert sind?‹

›Ja‹, sag ich, ›ich hab mich kürzlich ausgezogen und hab meine Knochen so abgegriffen und da hab' ich 'rausgefunden, daß ich 50 Knochen hab' und weil ich in jedem Knochen ›a Mark‹ hab', bin ich 50 Mark wert.‹

Dann hab ich amal was gelesen von einem Leichenverbrennungsverein, denk' ich mir, da gehst auch hin und laßt dich amal verbrennen, wennst gestorben bist; dann bin ich auch hingegangen und hab den Leichenverbrennungsvorstand gfragt, ob das überhaupt geht bei mir, dann hat er mich angschaut und hat gsagt: ›Ja, Sie sind schon arg dürr, bei Ihnen kostet es mehr.‹

›Ja‹, sag ich, ›warum denn grad bei mir?‹

›Ja‹, sagt er, ›weil ma bei Ihnen im Verbrennungsofen drin an neuen Rost brauchen, weil Sie durch den jetzigen unbedingt durchrutschen würden.‹

Und trotzdem ist die Magerkeit mein Lebensretter, denn wie ich einmal in Afrika war bei den Kannibalen, da habn mich die Menschenfresser erwischt und habn mich braten wollen, dann habn s' a Feuer gmacht und habn mich ausgezogen – wie mich die ausgezogen gsehn habn, sind s' alle davongelaufen, weil's denen graust hat vor mir und mein Leben war gerettet.«

Valentin hatte ein kleines Bäuchlein

Auch wenn Valentin hyperschlank war, wer genau hinsah, der konnte bei ihm einen kleinen Bauchansatz entdecken, von ihm zärtlich »Feinkostgewölbe« genannt. Dieses Phänomen kommt nämlich auch bei sehr schlanken Männern vor. Dieses »Valentinische Bäuchlein« ist auf einem Foto recht schön zu sehen, aber Valentin, der selbst fotografierte, retuschierte den Bauch später einfach weg.

Wenn stämmige Männer älter werden, bekommen sie meist einen Bauch, wirken aber dennoch männlich und strahlen eine füllige Gemütlichkeit aus. Dünne Männer, die einen Bauch bekommen, verströmen hingegen nichts Gemütliches.

Mit eingesunkenen Schulterblättern, herausstehenden Rippen, knorrigen Ellbogen und einem blassen Teint wirken sie vielmehr kraftlos und alt. Und Valentin, der auf eine elegante Erscheinung viel Wert legte, wenn er sich in der Öffentlichkeit im modischen Anzug zeigte, wollte auch im Alter drahtig wirken, also ohne jeglichen Bauchansatz. Bei Frauen allerdings – doch darüber erfahren sie weiter unten mehr …

Valentinische Diättricks

Valentin machte sich auch Gedanken, wie man alles essen kann, ohne zuzunehmen.

In dem Stück »Theaterbesuch« zeigte er, wie schon erwähnt, dass man zwei Portionen essen kann, obwohl man eigentlich nur eine isst. Dazu muss man nur einen Spiegel vor seinem Teller aufstellen und dort hineinschauen, wenn man sich einen Bissen in den Mund schiebt, dann verspeist man zwei Portionen ohne zuzunehmen.

Valentin plante auch »die Herausgabe eines Buches: ›Kleiner Leitfaden zum zweimaligen Wiederkäuen der einmaligen Nahrungsaufnahme des Menschen‹, wodurch also jedem Menschen pro Tag zwei Mahlzeiten erspart geblieben wären«. Wie die Kühe ihr Fressen wiederkäuen, so könnte das auch beim Menschen dazu führen, dass er weniger isst und demzufolge nicht zunimmt. Doch das Buch »wurde vom Verbande Deutscher Lebensmittelhändler konfisziert«.

»Das beste Geschäft«, so berichtete Valentin, »macht zurzeit der Hypnotiseur Paul Friedrich mit seiner Hungerstillungsmethode. Derselbe hat einen leeren Saal gemietet für tausend Personen. Diese kommen alle Mittag und werden von ihm hypnotisiert, also Massensuggestion. Zehn Minuten lang sagt er seinen Gästen immer das Gleiche vor: ›Ihr habt soeben gut gegessen und seid nun satt – Ihr habt soeben gut gegessen und seid nun satt – Ihr habt soeben gut gegessen und seid nun satt‹ und die Leute gehen tatsächlich vollgefressen von dannen. Ob dieses suggerierte Mittagessen auch verdaut usw. usw. werden muss, entzieht sich«, so Valentin, »meiner Kenntnis.«

Sogar »einen Trick, sich während einer Hungerkur satt zu essen, der von vielen nachgemacht worden sei«, erwähnte Valentin einmal. Leider verriet er jedoch nicht, woraus dieser Trick bestand, mit der Begründung »Original bleibt Original!«

Briefwechsel mit einem Gesundheitsapostel

Valentin besuchte viele Ärzte. Einer davon, ein gewisser Dr. med. Erwin Hof, Facharzt für Biologische Heilkunst, der ganz auf Naturheilmethode, Psychotherapie und Magnetismus setzte, riet Valentin zu einer fleischlosen und alkoholfreien Ernährung. Doch da kam er bei Valentin an den Falschen. Der lehnte dessen Methode nämlich strikt ab, worauf ihm Dr. Hof 1927 – Valentin war 45 Jahre alt – den folgenden Brief schrieb:

München den 10.6.27.
Sehr geehrter Herr Valentin.

Wie soll Ihnen da geholfen werden, wenn Sie eine Sache ablehnen, ohne Sie zu kennen? Sie sagen, so zu leben, wäre die Hölle. Ja haben Sie denn schon einmal so gelebt? – Das ist der größte Fehler der Menschen, daß sie Dinge beurteilen, ohne sie zu kennen. Nicht die Hölle bringt ein solches Leben, sondern den Himmel in Gestalt von Wohlbehagen, Gesundheit Kraft und Frohsinn. Wenn Sie allerdings lieber das bisschen Fleisch und Alkohol geniessen und dabei totunglücklich und krank sind, so ist das Ihre Sache. Meine wäre es nicht wegen solcher Schundgenüsse auf die Gesundheit zu verzichten. Askese ist nicht unser Leben, sondern das des Kulturmenschen, der für seine Schundgenüsse: Aasfressen, Saufen, Rauchen, in einem Stinklokal stumpfsinnig hocken usw. den ungeheuer teueren Preis zahlt, siech, schlaff und unlustig durchs Leben zu gehen und in ein frühes Grab zu sinken. Tausendmal genussreicher lebt man bei der Rohkost. Gibt es ein faderes Essen als ewig Kalbs- und Schweinebraten und Bier, das wenn es nur 1/2 Stunde in der Sonne steht, wie Mistlache schmeckt? Wie herrlich schmecken dagegen Früchte, Beeren, Nüsse, Gemüse, ein gutes Vollbrot und Butter. Also nicht Askese ist unsere Ernährungsweise, sondern höchster Genuß. Nur die Umstel-

lung ist schwer. Und auch sie geht leicht, wenn man es langsam macht. Sie hätten sich ja Zeit lassen, ruhig in der Woche noch einige Male Fleisch und ab und zu ein Glas Bier trinken können. Die Lust zur Rohkost und die Umstellung auf sie wäre dann ganz von selbst gekommen. Sie wäre Ihnen ganz von selbst immer lieber geworden. Und dann wäre doch noch die Behandlung notwendig gewesen. Ich hätte Sie gesund gemacht, wenn Sie mir vertraut hätten. So laufen Sie von einem Arzt zum andern, keiner hilft Ihnen, Sie werden immer kränker und gehen einem schlimmen Ende entgegen und alles wegen ein paar Weisswürsten und ein paar Glas Bier. Ist das nicht jämmerlich? Ist Ihnen Gesundheit, Kraft und Lebensfreude nicht mehr wert? Ich hätte Sie für klüger und stärker gehalten. Ohne die Flinte probiert zu haben, werfen Sie sie weg und behaupten, sie tauge nichts. Ich hätte Ihnen so gerne geholfen, denn Sie sind mir sympathisch und psychisch interessant, weil Sie die grasse Lebensironie in sich verkörpern: Einer der urwüchsigsten Komiker nach außen und innerlich ein totunglücklicher Mensch sind.

*Mit bestem Grusse
Ihr wohlmeinender: Dr. Erwin Hof*

Anbei dediziere ich Ihnen mein Rohkostheft. Lesen Sie es bitte recht eingehend. Vielleicht werden Sie doch noch eines besseren überzeugt.

Ob Valentin Dr. Hofs Rohkostheft studierte, ist höchst unwahrscheinlich. Er studierte lieber die Rezepte von deftiger Hausmannskost und gab auch folgende humoristische Anzeige auf:

> »Rohkostler,
> der sich umgestellt hat,
> sucht Küchenherd zu kaufen,
> Joseph Dürr, Bahnhofplatz«

»Unter zwei Zentner geht da nix!«

Umso erstaunlicher ist es im Hinblick auf Valentins schlanke Gestalt, dass es, was wenige wissen, korpulente Frauen waren, die seine Aufmerksamkeit ganz besonders auf sich lenkten. Angeblich hatten Taxichauffeure anzuhalten, wenn er auf der Straße eine besonders mollige Dame entdeckte. Er wollte sich ungestört an ihrem drallen Anblick erfreuen. In seinen Jugendstreichen bekannte Valentin diese Vorliebe selbst: »Schon seit meiner Kindheit, als ich zehn Jahre alt war, hatte ich für dicke Frauen etwas übrig. Warum, weiß ich nicht. Wenn mich meine Onkel und Tanten im Scherz fragten: ›No, Valentin, wen heiratest denn du einmal?‹, gab ich prompt zur Antwort zurück: ›eine ganz dicke Frau!‹ Diese Leidenschaft ist mir glücklicherweise geblieben, denn noch heute nach fünfzig Jahren habe ich den gleichen Geschmack. Für mich geht die Schönheit einer Frau erst mit zwei Zentnern an. Es ist mir neulich passiert, daß ich einer Dame, die ich näher zu kennen glaubte, ziemlich frech auf offener Straße mit flacher Hand auf das Rückgebäude klopfte, wozu ich meinte: ›Grüß Gott, Frau N.!‹ Aber irren ist menschlich. Es war nämlich leider gar nicht die Frau N., sondern eine mir gänzlich Unbekannte. Sie sah nur von rückwärts der Frau N. so ähnlich wie ein Ei dem Andern.«

1924 suchte der 42-jährige Valentin einmal den Münchner Kunstmaler Fritz Blum auf und sah sich dessen Aktgemälde an: »Schöön! Schöön! Aber z' dürr, vastehn S', z' mager sans ma alle«, meinte er und schlug dem Maler vor: »Herr Blum, kanntn S' ma net oane maln, aber a ganz a Schwaare? Dös sag i Eahna, unter zwoa Zentner derfs net habn. Es muaß was dro sei, verstehn S' mi?« Blum nahm den Auftrag an und malte eine Dame, die als Chorsängerin an der Oper unter Knappertsbusch sang. Sie hieß Mia und Blum malte sie vorsichtshalber als Rückenakt. Mit dem fertigen Bild eilte er gleich zu Valentin in dessen Garderobe im Schauspielhaus und zeigte ihm das Werk mit den

Worten: »De miaßn S' seng! Zwoa Zentner hat's mindestens, sag i Eahna.« Valentin winkte erschrocken ab und legte den Finger auf den Mund: »Sie hörts doch! Daß sie nix hört!« Und schon schob er Blum samt seinem Mia-Bild zur Tür hinaus. Nebenan in der Garderobe saß nämlich seine Partnerin Liesl Karlstadt und vor ihr genierte er sich wohl entsetzlich.

Da sich Valentin nicht mehr um das bestellte Bild kümmerte, deponierte es der Künstler nach einiger Zeit im Münchner Glaspalast, wo es zerstört wurde, als das Gebäude abbrannte. Im Herbst 1979 zeichnete Fritz Blum für die Münchner Abendzeitung die dralle Mia noch einmal aus dem Gedächtnis.

Auch in Valentins Werk lassen sich etliche Anspielungen auf diese seine »Schwäche« für vollschlanke Damen finden. So ulkte er etwa bei den Vorstellungen in der »Ritterspelunke« mit Anne-Marie Fischer, seiner zweiten Partnerin nach Liesl Karlstadt: »… Wissen S', früher da hat a Soubrette feist sein müßen. Da war was drann. (Zeigt mit der Hand auf den Busen). Die hat wacheln müßen, wacheln [wackeln, hüpfen]. A Soubrette hat schworbat sein müßn [eine feste Fettschicht besitzen müssen]! … In alle Theaterbüro sind wir rumbretscht [herumgerannt] um a feiste Soubrette. Mir habn aber keine gfunden. Lauter so magere Hülsen haben's jetzt. Eine hat sogar den Boanfraß ghabt und solchane Haxn! (Zeigt zum Vergleich die Trommelstöcke).«

In Valentins letztem Couplet von 1947 »Mein München« erinnert er sich in der zweiten Strophe an die vergangene Zeit, in der die Mädchen noch »so mollig und so nett, so danschig und adrett« waren.

»Mia«, Aktstudie von Fritz Blum

Doch schaust heut d'Maderln o,
Hint und vorn is nix mehr dro,
Fettlos ist fast jede Maid,
Fettlos wie die ganze Zeit.
… Und zu so einem Skelett
Sagt der Mann – »ah –! Du bist nett!«
… Statt Münchner Kindl'n kann man nur noch Hopfenstangen sehn
Und wenn's auch nicht mehr mollig sind – so sind sie doch mondän.

Bald war Valentins Vorliebe für üppige Frauen bekannt, sodass die Schauspielerin Ehmi Bessel, der Valentin gelegentlich den Hof machte, einmal beschämt sagte: »Aber Herr Valentin, bei Ihnen hab ich doch keine Chancen! Sie sind doch mehr für das Rundliche?«, worauf Valentin verschmitzt entgegnete: »Gnädige Frau, in diesem speziellen Fall tät ich eine peinliche Ausnahme machen!«

»Papa hatte wirklich eine Schwäche für rundliche Damen«, bestätigte ebenfalls seine Tochter Bertl. »Das mußte auch Professor Dr. Mette erfahren, der mir schrieb: ›… Auch meiner Frau gegenüber ließ es Ihr Vater nie an Aufmerksamkeit fehlen. Trotzdem versicherte er unumwunden, sie sei für ihn ein ›Gespenst‹, weil er immer gleich ein Skelett gewahre, wenn ausreichende Körperfülle das nicht verhindere. Wie er uns gestand, gehöre für ihn zum Ausdruck des Lieblichen bei Frauen dieses Gepräge, das den Gedanken an die Vergänglichkeit alles Lebendigen zurückdrängte.‹« Nach Aussage seiner Enkelin Anneliese mussten die vollschlanken Damen darüber hinaus noch »lädschad« sein, wie man in Bayern antriebsarme Menschen bezeichnet. »Und einmal brachte«, wie mir Anneliese Kühn versicherte, »mein Großvater meiner Großmutter eine besonders korpulente Planeggerin ins Haus und stellte sie ihr mit den Worten vor: ›Was sagst jetzt, ist die net guat beinander. Des is a Frau!‹«

Auch Liesl Karlstadt war dem Komiker letztlich noch zu mager, wie sie selbst bekundete. »Dem Valentin war keine Frau dick genug«, erzählte sie Theo Riegler. »Er hat sie immer danach eingeschätzt, wieviel sie gewogen haben. Mich selbst hat er dauernd gemahnt, daß ich essen soll, bis ich so rund werd wie a Kugel. Wenn's nach ihm g'angen wär, hätt ich mich jeden Tag mit Knödeln, Schokolad und Mehlspeisen vollstopfen müssen. ›Du mußt so viel essen, bis du zwei Zentner wiegst!‹, hat er allweil gsagt. ›Die Schönheit einer Frau geht erst bei zwei Zentner an! Dürr bin ich selbst!‹ Wenn i am Steuer von mein Wagen gsessen bin und er hat auf der Straße eine üppige Frau entdeckt, war er ganz aufgeregt und hat gschrian: ›Bremsen! Bremsen! Langsam fahrn! Schau dir dort die Dicke an! Dees is a Weib!‹ Wenn er in Gesellschaft einer Dame vorgstellt worn is, die ihm z' mager war, hat er's ganz offen gsagt: ›Waas? Dees is Ihre Frau? Wia kennen S' denn so was mögn – so was Dürrs?‹«

Nach dem Besuch der »Lustigen Witwe« im Gärtnertheater hatte Valentin an den Intendanten Fritz Fischer einige Fragen: »Die Nackttänzerin strotzt vor Schlankheit. Wo sind bei ihr die Formen des Weibes? Ist sie krank? Leidet sie an Abzehrung – dann runter von der Bühne und in ein Sanatorium. Wenn man uns schon nackte Frauen zeigt, dann bitte wenigstens ›vollschlank‹.«

Als Valentin mit dem Regisseur Erich Engels auf dem Münchner Oktoberfest einmal in einer Bude einen Fakir bestaunen wollte, fiel dem Komiker vor allem die Ansagerin ins Auge. »Andächtig hörten wir«, so Erich Engels, »was die Ansagerin von etwa zwei Zentnern Lebendgewicht uns alles in Aussicht stellte. ›A Pfundsweib, die Dicke‹, schmunzelte Valentin. Er liebte dicke Frauen.«

In dem Film »Beim Rechtsanwalt« staunt Valentin vor der Kopie eines Rubens-Aktes: »Is de guat im Fuatter.« Seinem Sohn (Liesl Karlstadt), der ihn fragt, wer die Dame wohl sei, erklärt Valentin: »Werd' halt die Frau vom Herrn Rechtsanwalt sei.«

Die bekannte Zeichnerin Franziska Bilek schrieb an den »sehr geehrten Herrn Valentin« in ihrem Brief vom 7. Januar 1947, in dem sie für Valentin mitten im Text eine nackte dralle Dame mit Röschen in der Hand und Hut auf dem Kopf zeichnete.

Diese Dame hab ich grad aus Wachs modelliert, es ist ein Fräulein. das ich immer wieder in einer Simplserie gebracht hab besonders im alten Simplizissimus. Ich hab's ihnen gezeichnet, weil ich weiß, daß Sie, verehrter Herr Valentin, eine Vorliebe für Speck haben ...

Valentin schien sich mit einem Bild einer vollschlanken Dame revanchiert zu haben, denn im Brief vom 28. Februar 1947 dankte ihm die Bilek »für die schöne Dicke«. Und in ihrem Schreiben vom 2. Mai 1947 erzählte sie dem »sehr geehrten Herrn Valentin« am Ende von einem Besuch beim Friseur, der ihre Haare farbenfroh verbrannte: »Süß schau ich aus. Noch ein bisschen dicker und ich tät Ihnen gefallen.«

Jetzt wird's psychologisch!

Aus sexualwissenschaftlicher Sicht lässt sich Valentins zumindest ideelles Faible für korpulente Damen – seine Frau war nämlich recht schlank – dem Phänomen des Fetischismus zuordnen, der seine Ursache darin hat, dass jeder Mensch in der frühen Kindheit, wenn seine Sinne erwachen, nicht fähig ist, von seinem Gegenüber einen Gesamteindruck zu empfangen. So stellt sich ihm die Mutter als eine Folge getrennter Eindrücke dar, etwa eine Brust, die Nahrung gibt, Arme, die ein weiches Bett bilden oder Hände, die liebkosen. Auf genau diese Art setzt sich der Erwachsene später das Traumbild des idealen Partners zusammen.

»Innerhalb gewisser Grenzen«, schreibt der Sexualforscher Ernest Bornemann, »ist also jeder Mensch ein Fetischist. Wenn wir uns verlieben und weder uns selbst noch anderen Menschen erklären können, wieso wir ausgerechnet diesen Menschen und keinen anderen haben wollen, dann messen wir ihm, ohne uns dieser Tatsache bewusst zu sein, einen fetischistischen Wert bei.

Aber auch, wenn wir von unserem ›Typ‹ sprechen, benutzen wir ein fetischistisches Vokabular. Denn wieso ziehen manche Männer Blondinen vor, während andere Rothaarige lieben? Jeder ›Typ‹ ist für den Menschen, der ihm verfallen ist, ein Fetisch.« Karl Valentins Fetisch war eben der Typ der korpulenten Frau.

Differenzierter gesehen handelt es sich dabei um einen sogenannten Deformationsfetischismus, wie die Sexualwissenschaft jeden Versuch bezeichnet, den Körper durch Deformation zu verschönen, jedenfalls subjektiv gesehen zu verschönen. Dieser Versuch enthält eine perverse Komponente. Auch die Leidenschaft für deformierte Menschen geht auf ein formatives Erlebnis der frühen Kindheit zurück, in der entweder ein deformierter Mensch die Schlüsselrolle spielte, oder ein Mensch, der dem Kind die Illusion der Deformation gab. Die masochistische Komponente wird besonders deutlich, wenn der Betroffene sich selbst zu verstümmeln versucht oder vortäuscht, verstümmelt zu sein.

Von Karl Valentin gibt es in der Tat Abbildungen, auf denen er seinen übermäßig ausgemergelten Körper mit herabhängenden Schultern geradezu exhibitionistisch zur Schau stellt und den Eindruck erweckt, er sei gleichsam ein erbärmlicher Ritter von der traurigen Gestalt. Dabei scheint auch bei ihm der Wunsch bestanden zu haben, andere Menschen durch die Vorführung der eigenen vorgespielten Deformation, die so in Wahrheit ja nicht vorhanden war, zu erschrecken, womit er zumindest den Rest einer Einstellung auf das Du bezeugte, so obskur sie auch sein mochte. Die Liebe zu vollschlanken Damen bot ihm demgegenüber ein Äquivalent zu seiner eigenen mageren Gestalt.

Valentins Neigung zu korpulenten Damen scheint außerdem durch die entbehrungsreichen Zeiten nach dem Ersten und Zweiten Weltkrieg, die auch er zu durchleiden hatte, noch verstärkt worden zu sein. Schlankheit galt ihm in der Tat als ein Zeichen des Mangels und damit als ein Symbol drohenden Todes. Korpulenz hingegen wurde ihm zum Zeichen der Fülle und der mütterlichen Geborgenheit, kurzum zum Symbol des Lebens.

DER HUNGERKÜNSTLER VALENTIN

1945 endete der Zweite Weltkrieg. Nach den sechs Kriegsjahren hatte kein Mensch in Deutschland mehr Übergewicht. In der US-Besatzungszone wurden Lebensmittelmarken ausgegeben. Doch von den geringen Brot-, Kartoffel-, Fett- und Fleisch-Rationen, die man dafür zugeteilt bekam, wurde kein Erwachsener auch nur einigermaßen satt.

»Ich bin am Verhungern!«

Kurz vor Kriegsende schrieb Valentin an einen Bekannten namens Paul:

Lieber Paul, solltest Du gelegentlich einige Marken für Fleisch übrig haben, ich könnte letzteres sehr gut gebrauchen, wie Du am umstehenden Bilde ersehen kannst. Ich wiege tatsächlich nur noch 99 Pfd. bin aber kein Schneider, sondern Komiker a. D.

Auch nach Kriegsende herrschte in Valentins Familie in Planegg weiterhin Not. Valentin hatte keine Bühnenauftritte mehr und auch im Münchner Rundfunk wurde er nicht mehr gespielt. In

Valentin als Hungerkünstler

der Süddeutschen Zeitung vom 9. Juli 1946 äußerte er: »Wie viele Menschen, ob alt, ob jung, leiden jetzt infolge Kalorienmangels an Gedächtnisschwäche und Zerstreutheit. Kürzlich zünde ich mir ein Streichholz an, will mir eine Zigarette anbrennen, stehe mit dem brennenden Streichholz da und weiß nicht mehr, was ich damit wollte. Als das Streichholz verbrannt war, fiel es mir ein, dass ich mir eine Zigarette anzünden wollte, wenn ich eine gehabt hätte.« Zwei Wochen später, am 23. Juli 1946, wurde er von einem SZ-Journalisten erneut zum Thema Nahrungsmangel interviewt. Auf dessen Anmerkung: »Ach, Herr Valentin, es ist schrecklich, meine Kinder sind schon so mager, dass ich sie kürzlich auf meiner Briefwaage gewogen habe«, meinte Valentin: »Ja mei, was tat da ich sagn. Ich war erst kürzlich bei einem Bekannten und der hat mich in seinem Garten photographiert. Nach acht Tag hat er mir die Bilder zugeschickt, da war ich überhaupt gar nimmer drauf.«

Mithilfe der Militärregierung wurde zwar umgehend versucht, möglichst rasch Wohnraum, Heizungsmaterial und Nahrungsmittel zu beschaffen, was sich aber auf die Schnelle nicht so leicht bewerkstelligen ließ. Von Valentin ist aus dieser Zeit eine »Traueranzeige« überliefert, in der es heißt:

Schmerzerfüllt machen wir allen Verwandten und Bekannten
die tiefbetrübliche Nachricht, daß unser lieber guter letzter
BROTLAIB
im Alter von 8 Tagen nach langem schweren Sparen
heute Mittag 12 Uhr
infolge eines eingetretenen Heisshungers, aufgegessen worden ist.

Um eine Brotmarke für die Hinterbliebenen bittet ein grosses
Leibweh

Emil Kohldampf	August Hunger
Ernst Schmalhans	Ida Hunger, geb. Wenigfleisch
Franz Ohnefett	Emma Niemehrsatt

Liesl Karlstadt gab Valentin den Rat: »Du müsstest mehr Milch trinken, aber Vollmilch – keine Magermilch, sonst wirst Du ja noch magerer.« – »Zur Zeit gibt es aber nur Magermilch«, meinte Valentin. »Ich bekäme schon Vollmilch, aber da müsst' ich mir eine Kuh kaufen und heimlich melken – aber – wo tu ich die Kuh hin, wir haben doch nur zwei Zimmer und eine Küche – da kann ich doch kein Rindvieh reinstelln – wir sind ja so schon zu viert.« – »Dös geht natürlich nicht«, gab die Karlstadt zu. »Aber es muss ja nicht gerade Milch sein – lass Dir doch vom Arzt Vitamine und Kalorien verschreiben, zum allgemeinen Aufbau.« – »Das hat der Arzt schon getan«, so Valentin, »und wie ich dann mit dem Respekt [sic!] zum Apotheker 'kommen bin, hat der gsagt: ›Ich habe gar nichts mehr ausser Rinozerosöl‹.« – »Ricinusöl meinst Du«, korrigierte ihn die Karlstadt. »Aber das würd' ich an Deiner Stelle nicht nehmen, denn das räumt Dich ja noch mehr aus, Du hast ja so nichts mehr drin als wie Luft.«

»Dem gewöhnlichen Sterblichen liefen die Schwarzmarktpreise davon«, erinnerte sich Valentins Tochter Gisela. »Eine Packung Ami-Zigaretten kostet 85 RM, ein Kilo Bohnenkaffee 600 RM, 1 Kilo Butter 300 RM, 1 Kilo Bratenfleisch 50 RM und ein Kilo Schwarztee gar 900 RM.« Mit Schreiner- und Drechslerarbeiten, dem Schnitzen von Kochlöffeln und mit Scherenschleifen versuchte sich Valentin über Wasser zu halten. »Aber wir dürfen uns noch nicht beklagen«, notierte er. »Wenn man auch manchmal Hunger hat. Wie sagt ein altes Sprichwort: Hunger ist der beste Koch – und dös stimmt auch, wenn man richtig Hunger hat, dann schmeckt's einem nochmal so gut – wenn ma was hätt. Wir dürfen uns also über einen leeren Magen nicht beklagen – ganz leer ist ein Magen nie, Luft ist immer drin durch das Einatmen, aber Luft nährt nicht, die bläht nur. – Das hat natürlich mit Blödheit nichts zu tun, wenn auch manche sagen, blöd werd i sei und werd hungern, man denke hier an die vielen Hamsterer. Blödsein und hungern das kann niemand verlangen. Uns geht's noch nicht so schlecht, denken Sie an die französische Revoluti-

Valentin war von der Kunst des Hungerns fasziniert und bewunderte Hungerkünstler.

on, für eine Maus bezahlte man 10 fr., für eine Ratte 15 fr., Hund und Katzen bekam man nur in Delikatessengeschäften.« Und Valentins Frau seufzte: »Ja, ja, Kinder, jetzt müssen wir eisern sparen.« Das galt auch für ihren Mann. »Liebe Gisela, ich bin am Verhungern«, telegrafierte der seiner ältesten Tochter, die im ländlichen Aufhausen in der Oberpfalz lebte. Sie brachte daraufhin gelegentlich etwas Rinds- oder Schweinefleisch nach Planegg, da auf dem Land noch heimlich Ochsen geschlachtet wurden. Als sie ihm einmal einen Schweinsbraten mit Brotknödeln zubereitete, schwärmte Valentin: »Brotknödel! So gute Knödel habe ich meiner Lebtag' noch nie gegessen.«

Das Rezept für »Brotknödel« ist übrigens ganz einfach, so Gisela:

Zutaten
400 g altbackenes Brot oder 8 bis 10 Semmeln oder auch Knödelbrot vom Bäcker, ½ l Milch, 4 Eier, 50 g Butter, Salz, Pfeffer und eventuell noch Grieß oder Mehl.

Zubereitung
Zuerst wird das Brot klein geschnitten und mit warmer Milch übergossen. Das Ganze lässt man dann quellen. Die Butter wird mit den Eiern schaumig gerührt. Salz und Pfeffer werden dazugegeben und dann die Masse über das aufgeweichte Brot gegeben. Falls der Teig zu weich ist oder sich nicht gut formen lässt, rührt man noch ein wenig Weizengrieß oder Mehl ein. Nach kurzer Wartezeit werden die Knödel mit angefeuchteten Händen geformt. Dann rollt man die Knödel in eine Frischhaltefolie ein und lässt sie in heißem Wasser etwa 10 Minuten ziehen, wobei das Wasser nicht kochen soll.

»Schlechter kann's uns nimmer geh'n«

Trotz der köstlichen »Brotknödel« war Valentin noch 1947 dieser Überzeugung. »Was sagen Sie zu der jetzigen Lage? – A nette Lage, bald werden wir uns hinlegen, weil wir vor Hunger nimmer stehen können, dann haben wir die richtige Lage, dann braucht nur mehr der Herr Bezirksarzt kommen und den Hungertod amtlich feststellen, dann sind wir friedhofsreif. Versuchsweise hams bei einem Verhungerten Wiederbelebungsversuche angewendet und habn ihm 1/5 Leoniwurst vor d'Nasen hing'halten, aber der Wiederbelebungsversuch war ohne Erfolg, weil derjenige wegen einem fünftel Leoni gar nimmer in unser jetziges mieses Leben zurückkehren wollte. – Die Totengräber haben keine Schaufeln mehr – die Toten werden bald nur mehr auf den Boden hingelegt und nur noch mit Graswasen zugedeckt. Für hundert Tote gib's nur mehr ein Blechtaferl mit der Inschrift: Die Erde werde Euch leicht. – Guat schaun mehr aus. – Die alten Männer sind schon so mager im G'sicht und haben eingefallene Backen, dass sie beim Rasieren einen Kartoffel ins Maul nehmen müssen, dass es einigermassen besser geht. Guat schaun mehr aus. – O mei, schaug i aus, nurmehr ein Knochengerüst, zeitgemäss eine Boanerruine, auf der Brust gleich ich einer Tafel Wellenblech. Meine Frau hat gestern kommandiert: ›Brust heraus!‹ und auf meinen Rippen hats dann gelbe Rüben gerieben. – So mager bin i worn, mei G'wand hängt mir dran, wie eine missglückte Massarbeit. Sie, – wissen Sie wie man das Geräusch nennt, wenn an Königs oder an Kaisers Geburtstag die langen Fahnen vor den Häusern im Wind hin und her flattern? Ich wiege z. B. nur mehr 98 Pfund, mein Anzug ist mir dreimal zu weit – und wenn der Sturm geht, dann bladert mein G'wand an meinem Gestell umanand und gibt dasselbe Geräusch wie die flatternden Fahnen an Kaisers Geburtstag.

Es ist jetzt eine schreckliche Zeit. Von unserem Luftschutzkeller haben wir gleich nach dem Krieg alle Bänke und Bolzen rausgerissen, dass mer wieder einen Platz kriegen für unsere Kartoffellagerung, jetzt wissen mer net, was mer tun solln, kriegn mer nochmal einen Krieg, müssen mer wieder das Luftschutzinventar bereithalten, oder krieg'n mer vorn Krieg noch Kartoffel. – Nach der Zeitung nach schaut's mit die Kartoffel recht mangelwarenhaft aus. Erst kurz stand eine Annonce drinnen – biete eine Kartoffel, suche dafür eine Staude Salat. Der Hunger übermannt uns, die Frau überfraut er. Was werdn mir noch alles verspeisen? Haben Sie die letzte Zeit schon beobachtet, was die Hunderln, die Schnauzerln und die Dackerln für einen ängstlichen Blick haben, die haben einen feinen Instinkt, die wissen was los ist, bei meiner Nachbarin hat's am letzten Sonntag Foxelragout gegeben, mei, der Nachbarin ihr Mann hat's so viel graust, weil die Frau in der Eile das dreckige Hundsbandl auch mitkocht hat. – Ja für heiklige Menschen is jetzt a schlimme Zeit. Früher hat mer aus der Suppe jede Fliege rausg'fischt, heut überlegt man sich das reiflich. Gemüse gibt's fast nicht mehr. Wir ham uns kürzlich ein Baumrindenkompott gemacht mit Holzwollsalat, obwohl wir es sauber zubereitet haben, war der Geschmack nicht bezaubernd.«

In dieser Zeit der Not und des Hungerns fielen Valentin also recht seltsame Kochrezepte ein. Sein Vorschlag für »Ein Hungerzeiten-Menü« hätte demnach so ausgesehen:

- Vorspeise: Isarwasser-Suppe
- Hauptgericht: Foxelragout oder Katzengulasch oder gebratne Hühneraugn
- Beilage: Holzwollsalat
- Getränk: Dünnbier
- Nachspeise: Baumrindenkompott

Zum Hauptgericht dichtete er folgendes Schnaderhüpfl:

A Hund, wenn er guat brat'n is,
is a Delikatess därfst glaub'n ganz gwiss,
Wind kannst drauf lass'n, dös is klar
besonder's wenn's a Windhund war.

Die Hungerkünstler
Pliventrans und Sukki

Obwohl Valentin freiwillig kein Hungerkünstler war, so war er von Hungerkünstlern dennoch höchst fasziniert, weshalb er sich mit der Kunst des Hungerns mehrfach befasste. Schon während des Ersten Weltkriegs stellte er den »erfolgreichsten Hungerkünstler der Gegenwart, Herrn Nepomuk Pliventrans« vor, der »nicht mehr alt, auch nicht jung ist, sondern mittelalt, sozusagen mittelalterlich«. Er ist der »Sohn steinreicher Eltern, welche in den ärmlichsten Verhältnissen leben und dennoch keine Kosten gescheut haben, ihren einzigen Sohn Nepomuk als Künstler ausbilden zu lassen, und zwar als Hungerkünstler. – Während seine Eltern zu den Mahlzeiten Schweinsbraten und Kartoffelknödel pfundweise verschlangen, durfte der kleine Nepomuk nur zuschauen, um sich für seinen späteren Beruf zu trainieren«. Schließlich gelang es ihm, 42 Tage lang »mit höchster Geschwindigkeit« zu hungern.

In seinem 1934 eröffneten Lach- und Gruselkeller, dem Panoptikum, stellte Valentin dann einen Hungerkünstler namens Sukky Sukki sogar als Wachsfigur aus, »der sich vor einem herrlich gedeckten Tisch mit Geflügel, Trauben, indischen Schwalbennestern und anderen Delikatessen selber dem Hungerstod ausliefert«. Hungern macht einen reich, davon war Valentin überzeugt. »Der ehemalige Hungerkünstler Sukki«, so notierte er, »hat in München im Jahre 1913 im Mathäser ein Gastspiel gegeben. Da hat er 42 Tage gehungert und hat über 15 000 Mark verdient – in dieser kurzen Zeit. Der Mann ist durch das Hungern ein reicher Mann geworden.«

Hungerkünstler Sukki liefert sich dem Hungertod aus.

1941 bezeichnete Valentin den »Hungerkünstler Baptist Pliventrans« als »Konkurrenz des berühmten Hungerkünstlers Sukky Sukki«. Als Pliventrans allerdings seine Vorführung im Rundfunk vor dem Mikrofon beginnen soll, bedauert er, dass es den Hörern wohl zu langweilig werden würde, wenn er 41 Tage lang, ohne gesehen zu werden, nur hungernd vor dem Mikrofon herumstehen würde. »Unsere Hörer sind zwar sehr geduldig«, bestätigt ihn darauf der Ansager. »Aber Hunger kann man nicht senden – höchstens haben.«

VALENTINS KOCH- UND KÜCHENPATENTE

Als ausgebildeter Schreiner war Valentin auch ein geschickter Bastler und ausgefuchster Erfinder. 1906 etwa stellte er, um seinen Verdienst aufzubessern, für fünf Mark pro Stück aus »künstlichen Palmblättern, einem Besenstil und einem Schmierseifenkübel künstliche Palmen« her, »wie sie in Kamerun nicht schöner wachsen«. Sein Kollege Thomas Herrmann bestätigte: »Valentin machte auch einige Erfindungen.« So fertigte er etwa das Modell einer Wasserrutschbahn mit mechanischem Betrieb fürs Oktoberfest. Doch seine »Wolkenkratzer-Absturzbahn« und »Die verhexten Leitern«, wie er zwei Objekte nannte, wurden wegen Lebensgefährlichkeit behördlich nicht zugelassen. Dann erfand er noch eine »Vexiertreppe«, von der Ernst Buschor berichtet, dass »deren Stufen in Einzelwürfel aufgeteilt waren und dadurch Klaviaturen sehr ähnlich sahen. Durch Kurbelbewegung konnte man die Treppe in Bewegung setzen. Scheinbar in willkürlicher Auswahl, in Wahrheit nach festem teuflischem Plan, versank die eine Hälfte der würfelförmigen Stufenteile wie angeschlagene Tasten in der Versenkung, während die andere Hälfte an ihrer Stelle verharrte.«

Von Valentin stammt auch die Idee für den Einbau eines Ventilators in Toiletten, »was diese fatalen Gerüche«, wie er schrieb, »im Moment der ›Ausströmung‹ gleich entfernt«. Gerne hätte er auch einen »Dialektumformer« entwickelt. »Man spricht da irgendeinen Dialekt in den Umformer und hochdeutsch kommt die Sprache heraus.« Es verwundert nicht, dass ihm auch zum Thema Essen und Kochen so einiges einfiel.

Spaghetti-Gabel mit Drehvorrichtung

In seinem Panoptikum stellte Valentin auch eine »Spaghetti-Gabel mit Drehvorrichtung« aus. Dazu brachte er an einer einfachen Gabel eine Drehkurbel an. Die Gabel wird in den Spaghetti-Berg gestochen. Durch Drehung der Kurbel beginnt die Gabel zu rotieren und die Nudeln auf der Gabel aufzurollen, die dann bequem samt Nudeln in den Mund geführt wird.

Spaghetti-Gabel mit Drehvorrichtung, ausgestellt in Karl Valentins Panoptikum

Interesse scheint Valentin auch an einer Semmelbröselreibemaschine gehabt zu haben, wie seine Anzeige beweist:

> KLAVIER
> gut erhalten wegen
> Anschaffung einer
> Semmelbrösel-
> Reib-Maschine
> zu verkaufen!!

Der Familienzahnstocher
aus Aluminium-Stahl

In einem Valentin-Sketch stellt der »billige Jakob« den »preisgekrönten Familienzahnstocher aus Aluminium-Stahl« vor.

»Jahrelang haben Sie die unpraktischen Holzzahnstocher ums teure Geld gekauft – oder in einer Wirtschaft mitgehen lassen! – Das haben Sie aber alles nicht mehr nötig, wenn Sie im Besitze eines Aluminiumzahnstochers sind – denn dieser Zahnstocher ist zu gebrauchen von Mann, Weib und Kind. – Er paßt für alle Zähne – er paßt für Alt und Jung. – Er paßt für jede Speise! – Und Sie haben damit nur eine einmalige Ausgabe, denn dieser Aluminiumzahnstocher nützt sich im Gebrauch überhaupts niemals ab und selbst wenn er von einer zwölfköpfigen Familie tagtäglich benützt wird.«

In seinem Panoptikum erhob er übrigens den »Winterzahnstocher mit Pelzbesatz« sogar zu musealen Ehren. Dabei handelte es sich um einen in Watte gehüllten Zahnstocher. Eine Nachbildung davon kann man noch heute an der Kasse des »Valentin-Musäums« erwerben.

Winterzahnstocher mit Pelzbesatz aus Karl Valentins Panoptikum

»Emfaf« und »Aha«

Zu den Biergartenleckerbissen in Bayern, das wusste auch Karl Valentin, gehörte unbedingt der »Steckerlfisch«. Doch das Fangen eines Fischs mit einem Angelhaken empfanden nicht nur Valentin, sondern vor allem auch die Fische als grausam, weshalb Valentin die geniale »Erfindung – Magnet – Fisch – Angel – Fix«, kurz das »Emfaf« gelang, worüber »alte leidenschaftliche Angler aus Freude haselnußgroße Tränen geweint haben«, wie Valentin erklärte. »Statt dem scheußlichen Mordinstrument, ›Angelhaken‹ genannt, tritt nun das Angelmagnet. Während der Angelhaken aus Stahl und einem gebogenen Haken geformt ist, besteht das Magnet aus Mag und net. Der Angelhaken mit Widerhaken mußte stets beim alten System trotz ›tierschutzvereinswidrigerweise‹ mit einem lebenden Regenwurm ›geschmückt‹ werden, der als Leckerbissen den zu fangenden Fisch anlocken sollte. Bei ›Emfaf‹ kommt dies völlig in Hinwegfall, da die Krümmung des Magneten an und Pfirsich schon einem gekrümmten Wurm ähnelt. Der Fisch betrachtet sich nun im Bedarfsfalle das Magnet und denkt sich dabei vielleicht ›instinktisch‹ ... Ja, was ist denn das für eine Angel? Er betrachtet sich das Magnet näher (besonders, wenn es sich um einen kurzsichtigen Fisch handelt) und schon hat ihn das Magnet erfaßt, und warum ... Weil der Fisch ›Eisen‹ in sich hat, und Eisen wird bekanntlich vom Magnet angezogen.«

Wie aber kommt nun das Eisen in die Fische? Dazu, so Valentin, »füttert man die Fische mit den kleinen Patentbrotkügelchen, welche unter dem Namen ›Aha‹ in den Handel gekommen sind. Diese Patentbrotkügelchenmischung ist ebenfalls eine Erfindung von Karl Valentin. Die Mischung der Kügelchen besteht aus Mehlteig, ›Regenwurmblut‹ und ›Eisenfeilspänen.‹ Die von Fischen verschluckten ›Patentbrotkügelchen‹ sind nun eisenhaltig und damit die Fische auch. Folglich wird der Fisch, falls er sich dem Magnet nähert, von demselben angezogen; der Fischer merkt am Untergehen des Angelkorkes, daß ein Fisch angebissen hat, also in diesem Falle am Magnet haftet. Nach Entfernung des Fisches vom Magnet wird der Magnet ›abgetrocknet‹ (da er im trockenen Zustande mehr Anziehungskraft besitzt) wieder in das Wasser geworfen, und derselbe Vorgang wiederholt sich nach Belieben.«

»Emfaf« und »Aha« »funktionieren sogar in stark salzhaltigem Meereswasser. Nur im ›schwarzen Meer‹ müssen Pillen mit ›Radiummischung‹ verwendet werden, da die Fische in dem tiefschwarzen Wasser nur ›beleuchtete‹ Kügelchen erkennen können. Allerdings kommt dieses Verfahren ziemlich teuer, aber der Erfinder Karl Valentin hat Mittel und Wege gefunden, die Herstellungskosten bedeutend zu ermäßigen, indem er statt Radiummischung, die Pillen mit ›Glühwürmchensyrup‹ verarbeitet, womit er dieselbe ›Leuchtkraft‹ erzielt.«

Kubistische Knödel und Würste

Über die moderne Architektur in der Stadt München mit ihren geradlinigen und viereckigen Häusern, wie sie vor allem auch im »Dritten Reich« geplant war, spöttelte Valentin. Sogar schon einen Wolkenkratzer wie in Amerika gäbe es bald, mokierte er sich: »Auch bei uns beginnt es schon zu neuyorkeln.« Warum, so fragte er sich, müssen dann eigentlich Knödel und Würste noch rund sein? Sie könnten doch auch eine kubistische Form haben: »Seh'n S', die Knödel san so schön rund! Wissen S', da täuscht man sich so mit den Leuten. Ich kenn da einen ganz berühmten Architekten, der also alles weiß und eine Kanone in seinem Fach ist! Glauben Sie, der hätt mir sag'n können, warum man die Knödel rund macht und nicht viereckig? Schlagt doch in sein Beruf ein!«

In seinem Couplet »Architekt Sachlich« besingt Valentin diesen Mann, der dabei ist, alle Bauten Münchens und Bayerns in eine rechteckige Form zu pressen, der könnte doch auch Käse, Würste und Knödel viereckig gestalten, was dann aber letztlich auch nicht gerade erfreulich wäre. Und deshalb ist Valentin überzeugt:

Herr Sachlich verdient sich gewiss keinen Orden
er wär' jetzt beinah übersachlich geworden,
denn er hätt in Zukunft, wer hätt das gedacht
die Käselöcher viereckig gemacht.

Es wär in Ost, Süd, West und Norden
die Wurst auch noch versachlicht worden,
a Blut- und Leberwurst, o Graus!
die sähe nicht mehr »wurschtig« aus.

Nun hört und staunet, liebe Leut'
es war auch schon die höchste Zeit
zu retten unser'n Leberknedel
die Zukunftsform wär nicht so edel.

So stellte sich Valentins »Architekt Sachlich« Käse, Würste und Knödel vor.

Doch zumindest zeichnerisch gestaltete Valentin bereits eckige Knödel und zweifellos hätte ihn gereizt, einmal einen solchen auch serviert zu bekommen.

Wie man aus Milli Soldaten herstellt

Milch gehörte nicht zu Valentins Lieblingsgetränken. Gleichwohl machte er sich in seinem »wissenschaftlichen Vortrag über unsere Haustiere« auch Gedanken über die Milch: »Der Hauptbestandteil der Kuh ist die Milli, kurz gesagt die Milch«, konstatierte er. »Die Milch ist das flüssigste Nahrungsmittel außer dem Wasser. Die Milch ist an ihrer weißen Farbe zu erkenntlich. Die Milch kann in Tassen, Flaschen, Büchsen, Gläsern oder anderen hohlen Gefäßen aufbewahrt werden. Ist zum Beispiel ein Kübel voll Milch, so nennt man sie Vollmilch. Die Milch gewinnen wir Menschen von den Bauern oder von der Ziege; die bekannteste Milch ist jedoch die Kuhmilch, es gibt auch Lilienmilch, nur werden die Lilien nicht gemolken, sondern gepflückt. Wir haben auch Milchstraßen, eine am Himmel, eine in Haidhausen [die es noch heute gibt, Anm. d. Verf.]. Diese kommen aber zur Milchlieferung nicht in Betracht. Wird zum Beispiel die Kuhmilch auf dem Feuer gesotten, so entsteht daraus die sogenannte heiße Milch, welche zum Kochen verwendet werden kann. Die Milch ist am leichtesten zu verdauen, da sie weder gebissen, noch trichinenfrei ist. Die Milch kann getrunken, gefahren oder getragen werden. Viele Frauen können die Milch trinken, aber nicht tragen, da dieselben keine haben. Schüttet man in die Milch Kaffee, entsteht daraus Melange, schüttet man in die Milch Wasser, so ist es eine Gemeinheit, welche mit Gefängnis bestraft wird, und der Milchfrau wird die Milch entzogen, oder besser gesagt die Konfession.«

Besonders stolz war Valentin auf die »neueste Entdeckung, aus

Milli Soldaten herzustellen«. Sie »steht wohl einzig in der Welt«, so seine Behauptung. »Der berühmte Komiker Rzpleckp hat dieser Erfindung einem eigentlichen Zufall zu verdanken, das Rezept ist folgende: man nimmt einen großen Kübel Teer, gießt in diesen Teer Milli, vermengt die Milli mit dem Teer und es entsteht daraus Militär.«

Exquisite Kochgeräte, selbst gedrechselt

Als gelernter Schreiner entwarf Valentin die meisten seiner Bühnenrequisiten nicht nur selbst, er fertigte sie auch. Dazu hatte er den Schuppen neben dem Haus als Werkstatt eingerichtet und nannte sie »mein Laboratorium«. Die Werkstatt enthielt eine Dreh- und Hobelbank mit Schraubstock, dazu alle möglichen Werkzeuge, mit denen Valentin bestens umgehen konnte.

Neben kleineren Möbelstücken entstanden unter seinen geschickten Händen auch Schränke, Stühle und Tische. Er drechselte aber auch Holzteller, Schmuckschatullen, Pfeifen und »Draller«, also Kreisel, aber auch winzige Dinge, etwa ein Miniatur-Kegelspiel. »Gedrechselte Döslein entstanden da«, bestätigte der Regisseur Herbert Seggelke im »Echo der Woche« vom 14. Februar 1946. »Nicht größer als ein Stecknadelkopf. Und sein Vergnügen war vollkommen, wenn man merkte, daß man sie sogar noch öffnen konnte.«

Um 1945 drechselte er auch ein niedliches Miniaturteeservice, das er seinem Planegger Nachbarn, dem Kunstmaler Otto Pippel, schenkte, der es liebevoll bemalte und es seinerseits an Karl Bach, den Bankdirektor der Planegger Volksbank als Ausgleich für Schulden weitergab. Karl Bach vermachte das Service seinem Sohn Klaus, der es nach Kanada mitnahm, als er dorthin auswanderte, schenkte es später dann aber dem Valentin-Karlstadt-Musäum, wo man es heute noch sehen kann.

Außerdem erledigte Valentin Reparaturen und fertigte zahlreiche kleinere Arbeiten, die er gegen Naturalien und Zigaretten an Interessenten der Umgebung eintauschte. So stellte er auf seiner Holzdrehbank für die Küche schöne runde Nudelwalker, also Nudelhölzer, aus glattem Ahorn her, außerdem Schankzeug, vor allem die großen Holzschlegel und, wie er selbst notierte, »Kochlöffel, Fleischbretter aus Eschenholz und Kartoffelstampfer«. Für eine Geige, die Valentin dem Planegger Metzgermeister Eggenhofer anbot, erhielt er Wurstwaren. Auch ein Münchner Metzger gab ihm für eine mit »Karl Valentin, Komiker« signierte C-Trompete etwas Fleisch und ein bisschen Geld.

Das Küchenabfallentsorgungs-Patent

Essensreste und Küchenabfälle wollte Valentin einmal auf recht ungewöhnlichem Weg entsorgen. Eines Sonntagmorgens, als sich die Familie in der Kirche aufhielt, schlug er kurzerhand ein Loch in die Küchenmauer, das ins Freie hinausging. »Da können wir dann den Abfall hinauswerfen«, informierte er die verdutzten Angehörigen. »Vor allem die Essensreste für die Hühner. Da brauchst du dann net immer ums ganze Haus herumlaufen«, erklärte er seiner Frau. »Des is doch praktisch!« Den Familienmitgliedern blieb das Wort im Hals stecken, was da dem Vater wieder Hirnrissiges eingefallen war. Erst als sich Valentin von der hereinströmenden Zugluft zu sehr belästigt fühlte, ließ er sein Müllentsorgungs-Patent wieder verschwinden, indem er das Loch wieder zumauerte.

Neue nahrhafte Stadtwappen

Liesl Karlstadt war überzeugt, dass Valentin »der richtige Mann gewesen wäre, der die Stadtwappen hätte entwerfen sollen. Da wär«, wie sie betonte, »was G'scheites rauskommen.« – »Nürnberg«, so kritisierte Valentin, »hat in seinem Stadtwappen z. B. ein Drachenweib. Nach meiner Ansicht gehört ins Nürnberger Stadtwappen ein Lebkuchen hinein. Und Regensburg hat in seinem Stadtwappen zwei gekreuzte Schlüssel, da gehören nach meiner Meinung 2 Regensburger Würste an Stelle der 2 Schlüssel. Und Frankfurt zeigt in einem Stadtwappen unerklärlicherweise einen Fasan. Nach meinem Dafürhalten ...« – »Weiß ich schon«, unterbrach ihn da Liesl Karlstadt, »2 Frankfurter mit Linsen, jetzt sollen S' bloss noch mit dem uralten Witz von Pforzheim daher kommen.« – »Alt is er schon«, grinste Valentin, »aber guat. – Nur München zeigt in seinem Stadtwappen ein Münchner Kindl – – – also das find ich nicht richtig – – – a klein's Kind ist ja ganz was nettes, dös gib i scho zua, aber jeder Fremde, der nach München kommt, ohne Ausnahme – seine allererste Frage am Bahnhof drauss is ›Wo geht's hier ins Hofbräuhaus?‹ Kein Fremder, solange München besteht, wird je am Bahnhof sich erkundigt haben ›Wo kann man hier ein kleines Kind sehen?‹ – – – Na also! Ins Stadtwappen München gehört einstimmig, nur das Hofbräuhaus.« Nur mit dem Bären im Berliner Wappen war Valentin schon einverstanden, »weil Berlin«, so seine Ansicht, »den Bayern früher einen Bären aufgebunden hat, wie man so sagt«.

Valentins »Höllen-Café«
und »Ritterspelunke«

Ja, Valentin war auch der Besitzer eines Cafés und einer Kneipe, die er selbst einrichtete.

Als er im Oktober 1934 sein erstes eigenes »Musäum«, von ihm »Panoptikum« genannt, im »Hotel Wagner« in der Münchner Sonnenstraße 23 eröffnete, richtete er dort auch ein wunderliches Café ein, von ihm »Höllen-Café« getauft. Ausgestattet war dieses auch als »Die Hölle« bezeichnete Nachtlokal mit einer tropfsteinartigen Decke. Überall an den Wänden hingen Hexen, Teufel, Vampirfledermäuse und Höllengeister aus Pappmaschee und aus zwei Säulen züngelten höllische Flammen. In diesem Café wurde nicht nur Höllenmusik gespielt, Valentin trat dort auf der Bühne auch als Teufel kostümiert auf und trug seinen Monolog »Ich komme von der Hölle 'rauf!« vor, in dem er erzählte, wie es in der Hölle so zugeht.

»Das schrecklichste da drunten«, so versicherte er, »is halt die Fresserei. Da gibt's lauter feurige Speisen: Feuersalamander, Blutorangen, Paradiesäpfel, Kreuzotternkompott, Nachteulenaugen in Spinnwebensauce, Feldermäuse am Spieß gebraten usw. – Nach dem Essen darf sich jeder Teufi a Stund ausruhn in einer Hängemattn, die is aber aus Stacheldraht, dös is a bluatige Liegerei.« Der Monolog endet mit den Worten: »Sogar die ganze Weltpolitik soll der Teufel holn, dös wern wir uns aber reiflich überlegn, daß mir da drunt dieselbe Sauerei bekommen würden. – Uns wär's schön gnua, dö könnt ihr schon selber behalten.«

Als sein Panoptikum nach elf Monaten wegen geringem Interesse des Publikums 1936 schon wieder schließen musste, mietete er 1937 im Haus Färbergraben 33 in der Nähe des Marienplatzes einen großen Keller. Dort brachte er Teile seines ehemaligen Panoptikums unter, dazu eine Künstlerkneipe,

Blick in Valentins Höllen-Café

in der sich auch eine winzige Kleinkunstbühne befand. Das neue Unternehmen taufte er »Ritterspelunke«, von ihm als »Weinstube und Bar« bezeichnet.

Das Lokal war diesmal mit Ritterutensilien wie Helmen, Streitäxten, Schwertern und Lanzen geschmückt und mit Abbildungen von Rittern an den Wänden. Am 4. November 1939 fand dort die Uraufführung von Valentins letzter Komödie »Ritter Unkenstein« statt, die recht erfolgreich wurde und zahlreiche Aufführungen erlebte. Auch seine bis heute berühmten Ritterg'stanzeln gab er dort zum Besten. Eine jede Strophe endete mit dem Refrain: »Ja so warns, ja so warns, ja so warns die alten Rittersleut.« Und auch das Essen spielte in dem einen oder anderen Vers eine Rolle:

G'suffa habn's und dös net wia
Aus die Eimer Wein und Bier
Hab'ns dann alls zamm gs'uffa g'habt
Dann san s' unterm Tisch drunt' g'flackt.

Jeweils nach der Vorstellung führte Valentin das Publikum persönlich durch die Jux- und Gruselausstellung seines Panoptikums. Nach einem knappen Jahr musste er kriegsbedingt auch seine Ritterspelunke allerdings schon wieder schließen. Die letzte Vorstellung fand am 5. Juni 1940 statt.

Valentin genießt nach einer Aufführung in seiner Ritterspelunke ein Glas Bier.

VALENTIN KOCHT ... VOR WUT!

Gegen Ende seines Lebens kochte Valentin auf ganz besondere Weise, nämlich vor Wut über die Behandlung, die ihm von Seiten Münchens und der Münchner und bayerischen Bevölkerung widerfuhr. Was war geschehen?

Nach Kriegsende wollte er im Alter von 63 Jahren noch einmal neu anfangen. Er wollte wieder auf der Bühne auftreten, Filme machen, Schallplatten aufnehmen, im Rundfunk seine Stücke aufführen. Ja, *er* wollte – aber die anderen nicht. Nichts klappte. Er erhielt eine Absage nach der anderen. Der Komiker verfiel in immer tiefere Depressionen, die auch in seinen Briefen, Dialogen und Artikeln ihren Niederschlag fanden. Als es einem Freund im Rundfunk gelang, doch einige seiner alten Platten zu spielen, kamen aus der bayerischen Bevölkerung zuhauf Protestbriefe: »Aufhören mit dem Schmarrn, schickt's den Deppen hoam, wir wollen in dieser Zeit was wirklich Lustigs ...« Als Valentin davon erfuhr, weinte er vor Trauer, Wut und vor Hunger. Als ihn im Herbst 1946 Reporter der Schweizer Illustrierten Zeitung fragten: »Ja, treten Sie nicht mehr auf, Herr Valentin?«, antworte er: »Nein, ich mag nicht mehr, ich bin zu müde geworden. Sehen Sie, nun hat mich auch der Münchner Rundfunk noch kaltgestellt, weil er findet, meine Sachen enthielten zu wenig Humor.«

In seinem Brief vom 28. Oktober 1947 an den von ihm geschätzten Volkssänger Kiem Pauli – also ein Vierteljahr vor seinem Tod verfasst – formulierte Valentin, was ihn in Rage brachte. Zuerst beklagte er in bitterem Ton die völlige Interesselosigkeit seiner bayerischen Landsleute und besonders der Münchner an ihm, wenn er schreibt: »Ich habe meine lieben Bayern und speziell meine lieben Münchner genau kennen gelernt. Alle anderen, mit Ausnahme der Eskimos und Indianer haben mehr Interesse an mir als meine ›Landleute‹ [...]. Dem

Menschen kann man's nicht verübeln, wenn er von seinen Landsleuten nix mehr wissen will.«

Dann zählt Valentin auf, wie er sich speziell von der Stadt München boykottiert fühlt.

»Aus dem Münchner Rundfunk wurde ich schon zweimal wegen Humorlosigkeit hinausgeschmissen. Nach der Besetzung, als das Theaterspielen in München wieder erlaubt war, suchten wir uns wieder eine Singspielhalle in München; überall kamen wir zu ›spät‹, weil alle noch bestehenden Lokalitäten bereits an norddeutsche und österreichische Künstler vergeben waren. – Meine 15 Kurztonfilme sind heute noch beschlagnahmt [...]. – Mein druckfertiges Buch, Valentin's Jugendstreiche mit 200 Illustrationen, liegt seit 22 Jahren (in Worten: zweiundzwanzig Jahren) mit Spinngewebe überzogen in meiner Schreibtischschublade. Alle Verlage in Deutschland haben daran kein Interesse, nur ein Prager Verleger hätte 1937 die Sache gedruckt, aber da kam der Krieg – nix war's. Ein Österreicher, Herr Lorenz vom Münchner Rundfunk, erhielt in München eine 4 Zimmerwohnung für 2 Personen, ich bekam als geborener Münchner nicht einmal ein Kämmerlein in meiner lieben Vaterstadt, obwohl ich bis zum Jahre 1930 in fast 200 Wohltätigkeitsvorstellungen mitgewirkt habe.«

Nach dieser Klage – keine Wohnung in München, aus dem Rundfunk wegen Humorlosigkeit entfernt, keine Möglichkeit, in der Stadt eine Singspielhalle einzurichten, wieder Filme aufzuführen und Bücher zu publizieren – formuliert Valentin unmissverständlich sein Testament und wem er nach dem Tod seinen künstlerischen Nachlass vererben wollte.

> Meine grossen Kultursammlungen über München,
> ich habe die ganze Stadt München
> in Original-Fotos von 1850–1900,
> will ich lieber Sachsen, Württemberg oder Norddeutschland
> testamentarisch zum Geschenk machen,
> unter keinen Umständen aber
> meinem geliebten Heimatland Bayern,
> am allerwenigsten meiner Vaterstadt München.

Mit diesem verbitterten Satz bringt Valentin seine ganze Enttäuschung über die von ihm geliebte Vaterstadt München zum Ausdruck, von der er sich schändlich im Stich gelassen fühlte und der er – genau genommen – seinen gesamten Nachlass verweigern wollte. Sein Testament sollte in Erfüllung gehen, so als habe der Komiker dies noch aus dem Jenseits steuern können. Obwohl München nach dem Tod Valentins durch dessen Frau noch einmal die Möglichkeit erhielt, seinen Nachlass für lumpige 10 000 Mark zu erwerben und damit an ihm doch noch einiges wiedergutzumachen, nutzte die Stadt auch diese Chance nicht und der Nachlass ging, wenn auch nicht nach »Sachsen, Württemberg oder Norddeutschland«, so doch fort von München und Bayern nach Köln in Nordrhein-Westfalen. Ein Privatmann, der Kölner Theaterwissenschaftler Prof. Carl Niessen, zahlte aus eigener Tasche, wozu die Stadt München nicht fähig war, und so wird Valentins Nachlass noch heute im Theatermuseum der Universität Köln in Porz-Wahn aufbewahrt.

VALENTINS WAHRE LIEBLINGSSPEISE

Wenn man Valentin genau betrachtet, dann war letztlich weder der Apfelstrudel mit dem Haferl Kaffee noch Liesl Karlstadts Girafftorte seine Leibspeis, sondern etwas ganz anderes. Und was das war, zeigte sich ganz deutlich, als er sich aus München zurückzog. Von 1942, als die Bomben auch in München fielen, bis 1947 trat er nämlich nicht mehr auf. Nach einem kurzen Aufenthalt im »Schlosshotel Grünwald« hauste er ab September 1943 in seinem Domizil in Planegg, von ihm als »Ausland« bezeichnet. Dass er seit seinem Rückzug aus München immer weniger Beachtung erfuhr, schmerzte ihn bis tief in die Seele, denn den größten Hunger hatte er immer nach der Zuneigung des Publikums. Nicht am Alkohol wollte er sich berauschen, sondern am Applaus des Publikums. Diesen wollte er auch wieder erleben, als er im Oktober 1947 mit Liesl Karlstadt einen Neubeginn seiner künstlerischen Aktivitäten plante. Doch schon nach ein paar gemeinsamen Auftritten kam das Ende.

Als Valentin am 9. Februar 1948, einem Rosenmontag, starb, kursierte das Gerücht, er sei an Hunger gestorben. Durch sein Asthmaleiden zusätzlich geschwächt ist er einer sich ständig verschlimmernden Lungenentzündung, die er sich durch eine nicht auskurierte Erkältung zugezogen habe, erlegen. Doch »verhungert, wie immer wieder geschrieben wird«, betonte der damalige Planegger Bürgermeister Richard Naumann, »ist Valentin garantiert nicht. Ich habe ihn schließlich bis zum Tod gekannt. Da er aber übermäßig schlank war, ist vermutlich dieses unausrottbare Gerücht entstanden«. Der Münchner Schriftsteller Ernst Hoferichter bestätige dies ihn seinem Nachruf auf Valentin, in dem es hieß: »Ein Humorist von hohen Graden – Karl Valentin – starb an der Humorlosigkeit, die ihn umgab. Er verschied an Herzschwäche oder billig gesagt: an gebrochenem Herzen.

Denn Krankheit ist nur ein Vorwand des Schicksals. [...] Humor zu haben ist ein seltsames Erleidnis. Valentin hatte nicht den Humor, sondern der Humor hatte ihn!« Und der Regisseur Kurt Wilhelm, der noch mit Valentin im Münchner Rundfunk zusammengearbeitet hatte, erzählte mir: »Dass er verhungert ist, ist eine sentimentale Mär. Zu essen hatte er sicher nicht viel, wie wir alle, aber wenn er verhungert sein sollte, dann nicht körperlich, sondern seelisch, aus Mangel an Liebe und Resonanz seitens seiner Mitmenschen, denen er sein Leben lang manisch Freude zu machen versucht hatte. Und wie wenig breite Anerkennung bekam er zurück. Dabei war er sich doch so sicher, gut zu sein: ›Ich bin doch a Komiker, ich weiß doch, was wirkt ...‹«

Ja, Valentin ging zugrunde, weil ihm seine wahre Leibspeis von der Stadt München, dem Münchner Rundfunk und der Münchner und bayerischen Bevölkerung vorenthalten wurde. Und diese Lieblingsspeise war die Zuneigung und Liebe seines Publikums, die er täglich spüren wollte, an der er sich niemals satt essen konnte. Die brauchte er wie das tägliche Brot, denn diese Liebe ging direkt in sein Herz und hielt ihn fast 66 Jahre am Leben.

ESSEN BEI KARL VALENTIN IM TURMSTÜBERL DES MUSÄUMS

Wer heute Karl Valentin und seiner Partnerin Liesl Karlstadt begegnen will, der kommt nicht an einem Besuch des »Valentin-Karlstadt-Musäums« in München vorbei. Dort kann man den genialen Tragikomiker von Weltrang in Hunderten von Exponaten, Bildern und Dokumenten in all seinen Facetten erleben: als Stückeschreiber, Wortakrobat und Schauspieler, als Filmemacher, Handwerker und Sammler, als Philosoph, Museumsdirektor, Volkssänger und Avantgardist. Und natürlich ist auch nicht seine kongeniale Partnerin Liesl Karlstadt vergessen. In einem Kino kann man die beiden außerdem in etlichen Filmen erleben, in denen sie buchstäblich zum Leben erwachen.

Höhepunkt und Abschluss eines jeden Musäums-Rundgangs ist der Besuch des »wohl einzigen achteckigen Cafés weit und breit« im Turmstüberl unter dem Dach des südlichen Isartorturms. Dazu muss man auf einer sich nach oben schraubenden, engen Wendeltreppe mit 79 knarzenden Holzstufen insgesamt 14 Höhenmeter erklimmen und hat dann einen schönen Rundumblick ins Tal.

Möbliert ist das Turmstüberl mit den originalen geschwungenen Thonet-Stühlen aus dem legendären Szenecafé »Stéfanie« oder »Größenwahn«, wie es im Volksmund hieß. Hier lässt sich also noch das Flair der altschwabinger Boheme spüren. Gleich hinter der Tür zum Café hängt der Spazierstock vom Steyrer-Hans, dem »bayrischen Herkules«. Der ganze Raum ist mit unzähligen großen und kleinen Exponaten, Bildern, Kuckucksuhren gefüllt und allerlei kuriose Dinge hängen an den Wänden und von den Decken.

Bei einem kühlen Weißbier und frischen Weißwürschten, aber auch bei Fleischpflanzerl oder Leberkäs mit Kartoffelsalat und danach bei einem Haferl Kaffee mit Apfelstrudel, Valentins Lieblings-Nachspeis, aber auch bei gschmackigen Schmalznudeln kann man all die Sehenswürdigkeiten des Musäums in sich nachwirken lassen und dabei von Karl Valentin und Liesl Karlstadt träumen. Anschließend sollte man unbedingt das von Ernst Andreas Rauch gestaltete Valentin-Brunnendenkmal auf dem Viktualienmarkt besuchen, das ihm 1953, fünf Jahre nach seinem Tod, dort errichtet wurde. Das Material dazu stammte übrigens aus dem bei einem Bombenangriff zerschossenen Bauch eines bayrischen Löwen, der vor dem Krieg auf dem Siegestor gestanden hatte.

Valentin lauscht, was ihm der Kochtopf zu sagen hat.

ANHANG

Literatur

Bachmaier, Helmut (Hrsg.): Kurzer Rede langer Sinn. Texte von und über Karl Valentin. München/Zürich 1990

Bachmaier, Helmut/Faust, Manfred (Hrsg.): Karl Valentin. Sämtliche Werke in acht Bänden.
Band 1: Monologe und Soloszenen. (Bachmaier, H./Wöhrle, D. Hrsg.), München 1992
Band 2: Couplets. (Bachmaier, H./Henze, S. Hrsg.), München 1994
Band 3: Szenen. (Bachmaier, H./Henze, S. Hrsg.), München 1995
Band 4: Dialoge.(Faust, M./Hohenadl, A. Hrsg.), München 1996
Band 5: Stücke. (Faust, M./Henze, S. Hrsg.), München 1997
Band 6: Briefe. (Gönner, G. Hrsg.), München 1991
Band 7: Autobiographisches und Vermischtes. (Henze, S./Heizmann, A./Auer, M. Hrsg.), München 1996
Band 8: Filme und Filmprojekte. (Bachmaier, H./Gronenborn, K. Hrsg.), München 1995
Ergänzungsband: Dokumente, Nachträge, Register. (Faust, M./Gönner, G. Hrsg.), München 1997

Biskupek, Matthias: Karl Valentin. Eine Bildbiographie. Leipzig 1993

Böheim-Valentin, Bertl: Du bleibst da und zwar sofort! Mein Vater Karl Valentin. München 1971

Dimpfl, Monika: Immer veränderlich. Liesl Karlstadt (1892 bis 1960). München 1996

Drescher, Horst (Hrsg.): Karl Valentins Lach-Musäum. Mit einem Interview auf dem Parnaß. Leipzig 1975

Engels, Erich: Philosophie am Mistbeet. Ein Karl Valentin Buch. München 1969

Fischer-Grubinger, Anne-Marie: Mein Leben mit Karl Valentin. Rastatt 1982

Freilinger-Valentin, Gisela: Karl Valentins Pechmarie. Eine Tochter erinnert sich. Pfaffenhofen 1988

Fröbe, Gert: Auf ein Neues, sagte er ... und dabei fiel ihm das Alte ein. Geschichten aus meinem Leben. München / Hamburg 1988

Gidal, N. T.: Begegnung mit Karl Valentin. München 1995

Glasmeier, Michael C.: Karl Valentin. Der Komiker und die Künste. München / Wien 1987

Gronenborn, Klaus: Karl Valentin. Filmpionier und Medienhandwerker. Frankfurt am Main 2007

Hausenstein, Wilhelm: Die Masken des Komikers Karl Valentin. München (Karl Alber) 1948, Neuausgabe Freiburg (Herder) 1958, Neuausgabe München (Süddeutscher Verlag) 1976, Neuausgabe München (dtv) 1980

Hoferichter, Ernst: Jahrmarkt meines Lebens. München 1963

Ders.: Vom Prinzregenten bis Karl Valentin. Altmünchner Erinnerungen. München 1966

Kästner, Erich: Literarische Publizistik 1923 – 1933. Bd. 2: Gemischte Gefühle. Zürich 1989

Keller, Roland: Karl Valentin und seine Filme. München 1996

Köhl, Gudrun: Von Papa Geis bis Karl Valentin. München 1971

Kort, Pamela: Grotesk. 130 Jahre Kunst der Frechheit. Ausstellungskatalog. München / Berlin / London / New York 2003

Kurowski, Ulrich: Karl Valentin Fundsachen I–IV. München (Münchner Filmmuseum). 1976ff.

Lutz, Joseph Maria: Die Münchner Volkssänger. München 1956

Niessen, Carl: Karl Valentin und die Münchner Volkssänger. Ausstellungskatalog zur 800-Jahr-Feier der Stadt München. München 1958

Münz, Erwin / Münz, Elisabeth (Hrsg.): Geschriebenes von und an Karl Valentin. Eine Materialsammlung, 1903 bis 1948. München 1978

Pemsel, Klaus: Karl Valentin im Umfeld der Münchner Volkssängerbühnen und Varietes. Dissertation. München 1981

Riegler, Theo: Das Liesl Karlstadt Buch. München 1961

Schreck, Joachim (Hrsg.): Karl Valentin. Monologe, Dialoge, Couplets, Szenen. Berlin 1973

Schulte, Michael: Karl Valentin mit Selbstzeugnissen und Bilddokumenten. Reinbek bei Hamburg 1968 / 1987

Ders.: Karl Valentin. Eine Biographie. Hamburg 1982

Ders. / Syr, Peter: Karl Valentins Filme. München 1989. Mit einem Nachwort von Helmut Bachmaier. München (Piper) 1978, Neuausgabe 1989

Schweiggert, Alfons: Karl Valentins Panoptikum. Wie es ächt gewesen ist. Gezeichnet von Alfons Schweiggert. München 1985

Ders.: Ja, lachen Sie nur! Die schönsten Karl Valentin Anekdoten und Witze. Dachau 1996

Ders.: Karl Valentin und die Frauen. München 1997

Ders.: Karl Valentins Stummzeit. Grünwalder und Planegger Jahre 1941 bis 1948. München 1998

Ders.: Karl Valentin. Der Münchnerischste aller Münchner. München 2007

Ders.: Karl Valentin und die Politik. München 2011

Schwimmer, Helmut: Karl Valentin. Eine Analyse seines Werkes mit einem Curriculum und Modellen für den Deutschunterricht. München 1977

Seeßlen, Georg: Karl Valentin. Eine Leidensgeschichte in zufällig ausgerechnet 7 Kapiteln. Frankfurt am Main 1991

Thumser, Gerd: Ludwig Ganghofer. Alpenkönig und Kinofreund. München 2005

Till, Wolfgang (Hrsg.): Karl Valentin – Volkssänger? Dadaist? München 1982

Valentin-Archiv Planegg: Dokumente, Notizen, Zeitungsausschnitte. Planegg o. J.

Ude, Christian: Mein Pinselohrschwein und andere große Tiere. München 2011

Valentin, Karl: Der Knabe Karl. Jugendstreiche. Aus dem Nachlass heausgegeben von Gerhard Pallmann. Berlin 1951

Ders.: Valentiniaden. Ein buntes Durcheinander von Karl Valentin. München 1941

Wendt, Gunna: Liesl Karlstadt. Ein Leben. München 1998

Wilhelm, Kurt: Erinnerungen an Karl Valentin. Manuskript. Straßlach-Dingharting 1996

Wolter, Karl Kurt: Karl Valentin privat. München / Köln 1958

Bildnachweis

Archiv Anneliese Kühn, Planegg: S. 25, 28, 31, 44, 82, 125, 135, 136, 164, 197

Archiv Alfons Schweiggert, München: Titelbild, S. 13, 57, 120, 160, 174, 185, 204

Zeichnung Fritz Blum: S. 169

Zeichnungen P. Trum: S. 106, 117

Zeichnungen Alfons Schweiggert: S. 32, 42, 46, 54, 55, 65, 71, 86, 95, 128, 157, 177, 182, 184, 188, 194, 195

Der Karikaturist Egbert Greven erteilte für die von ihm zur Verfügung gestellte Abbildung (S. 85) freundlicherweise die Abdruckgenehmigung.

Dank

Valentins Enkelin Anneliese Kühn, die mir etliche persönlich erlebte Geschichten erzählt hat, die sich mit ihrem Großvater Karl Valentin zugetragen haben und die ich in diesem Buch mit ihrer Erlaubnis wiedergeben darf, danke ich posthum. Sie erteilte mir auch die Genehmigung, aus den Erinnerungen ihrer Mutter Bertl Böheim-Valentin zu zitieren. Außerdem erlaubte sie mir den Abdruck mehrerer Fotos und Abbildungen aus ihrem Privatarchiv.

Ebenso danke ich Anneliese Kühns Tochter und Valentins Urenkelin Rosemarie Scheitler sowie ihren Angehörigen, außerdem Gunter Fette, dem Nachlassverwalter Valentins, für ihre Unterstützung.

Karl Stankiewitz
MÜNCHNER ORIGINALE
Fotografien aus der Sammlung Karl Valentin
im Stadtarchiv München

Was wäre München ohne seine Originale! Seit kurbairischer Zeit haben sie hier im öffentlichen Leben eine nachhaltige Rolle gespielt: die Sonderlinge, Hofnarren, Gaudiburschen, Volkssänger, Leuttratzer und Ratschkatteln, die Revoluzzer, Spötter und Spinner.

Der große Karl Valentin ist ihnen Zeit seines Lebens leidenschaftlich nachgejagt, um sie – fotografiert, gemalt oder gezeichnet – seiner umfangreichen Sammlung zum »alten« München einzuverleiben. Über 100 Abbildungen »Münchner Originale« hat er noch zu seinen Lebzeiten dem Stadtarchiv München vermacht. Sie werden in diesem Band erstmals komplett veröffentlicht, ergänzt durch einen Sensationsfund von 75 kolorierten Glasdiapositiven, mit denen Valentin einen Lichtbildervortrag zu »berühmten« Persönlichkeiten zusammengestellt und in Münchner Wirtshäusern vorgeführt hatte.

288 S., Hardcover, ISBN 978-3-96233-104-7